I0479766

Ron B. Charles

STRESS
DER MODERNE
SÄBELZAHNTIGER

Druck und Stress abbauen.
Burn-out und Depressionen vermeiden.
Resilienz und Gelassenheit lernen.
Achtsamkeit und Entspannung leben.

Impressum

© Ron B. Charles

1. Auflage Januar 2020

Das Werk einschließlich aller Inhalte ist urheberrechtlich geschützt. Alle Rechte, auch Übersetzungsrechte vorbehalten. Nachdruck oder Reproduktion (auch auszugsweise) in irgendeiner Form (Druck, Fotokopie, Mikrofilm oder anderes Verfahren) sowie die Verarbeitung, Einspeicherung, Verbreitung und Vervielfältigung mithilfe elektronischer Systeme jeglicher Art, gesamt oder auszugsweise, ist ohne ausdrückliche schriftliche Genehmigung des Herausgebers untersagt.

Kontakt: Ronny Charles Buchleitner
Moosburger Str. 3 – App. 4 - 85462 Eitting (Gaden)
ronnybuchleitner@outlook.de

Cover- und Graphikgestaltung: Janka Rufenach, Regensburg

Haftungsausschluss

Der Inhalt dieses Buches wurde mit großer Sorgfalt geprüft und erstellt. Für sämtliche Inhalte kann jedoch keine Garantie übernommen werden. Dies gilt weder für die Richtigkeit, Vollständigkeit, noch Aktualität der Inhalte. Alle enthaltenen Informationen basieren lediglich auf der eigenen Meinung und persönlichen Erfahrung des Autors. Der Inhalt darf keinesfalls als medizinische Hilfe gesehen werden. Für selbstverursachte Schäden und Fehlhandlung des Lesers wird daher keine juristische Haftung seitens des Autors übernommen. Zudem garantiert der Autor keinerlei Erfolge mit dem im Buch erwähnten Informationen, da diese wie oben genannt nur auf persönliche Erfahrungen des Autors basieren, lediglich als Unterhaltung dienen sollen. Die Verantwortung für die im Buch beschriebenen Ziele bzw. deren Umsetzung liegt einzig und allein beim Leser selbst. Gleichzeitig wird keine Haftung auf den im Buch angegebenen Quellen und externen Webseiten übernommen. Für all diese Inhalte ist einzig und allein der jeweilige Webseitenbetreiber verantwortlich weshalb der Autor automatisch von einer Haftung ausgeschlossen ist.

Inhalt

Einleitung

*„Wer immer nur funktioniert,
entzieht sich dem Abenteuer
des Lebens"*

Armin Müller Stahl

Schnell den Frühstückskaffee im Stehen herunter-
gekippt, die Kinder im Kindergarten abgeliefert,
unterwegs schon mal die WhatsApp-Nachrichten
von den Kollegen gecheckt, dann ins Büro, wo uns
ein klingelndes Telefon, ein volles Emailfach sowie
ein Berg Papierkram empfängt. Ein Glück holt
heute der Partner die Kids ab. Doch auch nach der
Arbeit im Büro geht es mit Erledigungen zu Hause
weiter: Einkaufen, Kochen, Putzen, Wäschewa-
schen und die Kinder mit einer Gute-Nacht-Ge-
schichte ins Bett bringen. Sport fällt heute wieder-
mal aus. Zeit für sich selbst oder das Lesen eines
guten Buches kommt auch zu kurz.

Zeitdruck kennen wir alle – egal, ob Schulkind,
Rentner, selbstständig, angestellt, Akademiker,
Handwerkerin, Verkäufer oder Managerin. Aus
Zeitnot ist inzwischen Zeitmangel geworden.

Woher kommt dieses kollektive Empfinden, dass der Tag zu wenig Stunden hat?

Ist es einfach, nur „hipp und angesagt" in der heutigen Leistungsgesellschaft dazu gehören zu wollen, weil alle irgendwie megawichtig sind?

Keine Frage – Stress muss in keinem Falle nur negativ sein. Positiver Stress kann uns beflügeln und uns fördern. In diesem Ratgeber wirst Du sehr vieles über das Thema Stress erfahren, wie Du, damit im Alltag umgehen kannst und welche Möglichkeiten es gibt, nicht an den Herausforderungen unserer Konsumwelt zu zerbrechen.

Ein Leben ohne Smartphone können wir uns heute nicht mehr vorstellen. Digitalisierte Technologien erobern unsere Arbeitswelt sowie unseren Haushalt. Allerdings sollte man sich nicht davon abhängig machen.

Nicht nur Manager, die voll und ganz im Sinne der Karriere als Single ihr Leben meistern, fühlen sich überfordert. Auch Frauen in Teilzeitarbeit, die den Familienalltag meistern und die Kinder beim Lernen unterstützen, sind oft mehr als gestresst. Sie wollen im Job „ihre Frau" stehen, zu Hause für Ordnung sorgen und für die Familie ein offenes Ohr haben. Nebenbei sollen die Hobbys nicht vernachlässigt und Freundschaften gepflegt werden. Die

Folge: permanenter Druck und Überforderung. Kann das gut gehen?

Es ist bedenklich, dass immer mehr Jugendliche an Schlafstörungen leiden, weil sie ihren Alltag rund um Schule, Hobbys, Aktivitäten mit Freunden und Aufgaben, die in der Familie zu meistern sind, kaum mehr gerecht werden. Multitasking und Optimierungswahn prägen unsere Welt. Gerade in den Industriestaaten sind Achtsamkeit, Gelassenheit und innere Ruhe oft nicht die Werte, die umgesetzt werden, während Menschen diese in weniger entwickelten Ländern eher ausleben. Genau aus diesem Grunde ist es gut, dass du in diesem Ratgeber viele verschiedene Ideen und Vorschläge erhältst, die Dir helfen werden, Deine Balance wieder zu finden. Du kannst die Welt, in der Du lebst, nicht verändern. Eines steht jedoch absolut in Deiner Macht: Die eigene Einstellung zu vielen Alltagssituationen – diese hast Du gänzlich selbst unter Kontrolle!

„Die Menschen stolpern nicht über Berge, sondern über Maulwurfshügel!"

Konfuzius

Es liegt an den kleinen Unstimmigkeiten, die uns im Alltag widerfahren, an den Kleinigkeiten, die wir übersehen, die uns aus der Bahn bringen, nicht an den großen. Es ist ratsam das eigene Bewusstsein dafür zu sensibilisieren, um künftig besser mit diesen Gegebenheiten umgehen zu können.

1.
Was ist Stress?

Als Stress bezeichnet man im gesundheitspsycho-logischen Sinne, wenn uns Situationen überfor-dern. Vielleicht kennst auch Du solche Gedanken wie: „Das schaffe ich nie!", oder „Ich weiß gar nicht wo ich anfangen soll". Diese erhöhte Anspannung kristallisiert sich meist in psychischen und körperli-chen Reaktionen. Diverse Faktoren, wie z. B. Zeit-not, Beziehungskonflikte, Mobbing aber auch Ein-samkeit gelten als Auslöser. Wir sind gestresst durch ein gestörtes Betriebsklima, diverse famili-äre Probleme, inadäquates Führungsverhalten von Vorgesetzten und vieles mehr.

Im Grunde kann man Stress aber als eine gestörte Beziehung sehen: zum Beispiel zu unserem Part-ner, zu unserem Vorgesetzten, zu unserem Kind und vor allem zu uns selbst. Das Spannungsfeld entsteht zwischen Erwartungen und Bedürfnissen. Wenn unser Partner eine Überraschung plant und übers Wochenende verreisen möchte, Du aber lie-ber zu Hause bleiben möchtest, entsteht ein Kon-flikt. Du möchtest ihn nicht verletzen, hast Dich aber schon auf gemütliche Zweisamkeit in der ge-meinsamen Wohnung eingerichtet. Oder Dein

Sohn hat wieder mal sein Zimmer nicht aufgeräumt, obwohl das ausgemacht war. Deine Erwartung an ihn steht seinem Bedürfnis zu spielen gegenüber. Anspannung ist vorprogrammiert.

Du selbst erwartest von Dir aufmerksam, zuverlässig, schnell, intelligent, attraktiv, gesund, schlagfertig und hoch motiviert zu sein und das Ganze natürlich entspannt und möglichst stets gut gelaunt. Stehen diesen vielen Erwartungen auch genug Möglichkeiten gegenüber oder setzt Du Dich damit unnötig unter Druck?

Ursprünglich kommt das Wort Stress aus dem Englischen und bedeutet Druck und Anspannung. Die lateinische Bezeichnung „stringere" steht für trimmen (durch wiederholte Anstrengungen in einen bestimmten Zustand bringen) oder anspannen.

Wie Stress berühmt wurde

Ursprünglich ging es in den Anfängen der Menschheit schlicht um das Überleben. Es überlebte nicht der Klügste oder Stärkste, sondern derjenige, der sich am besten anpassen konnte, der am stressresistentesten war. Erfolg basiert auch heute nicht nur auf Muskelstärke oder den höchsten IQ, sondern auf dem Umgang mit Rückschlägen und Krisen, sowie Flexibilität und Souveränität, also positivem Stressmanagement. Ständige Veränderungen und Anpassungsreaktionen sind für unsere Körperzellen normal, denn wir sind von Natur aus dafür ausgestattet. Wir sollten diesen Gedanken auch auf unsere Psyche übertragen. Dieser Gedanke wäre sicher manchmal hilfreich, wenn uns Veränderungen in unserem Leben bedrohlicher erscheinen, als sie wirklich sind. Je bereiter wir sind zu lernen, anstatt zu grübeln, umso besser geht es uns.

Noch bis in die Siebzigerjahre war Stress ein fast unbekanntes Wort. Mit der fortschreitenden Digitalisierung wurde das Wort beliebter und häufiger, unbedacht sogar mit Stolz verwendet. Die Frage liegt heute nahe: Kaschieren wir nicht teilweise unsere eigenen Unfähigkeiten mit der Flucht in diese Formulierung? „Mann, habe ich einen Stress!" Sie sichert dem Betroffenen Respekt, Anteilnahme und Wichtigkeit im Umfeld. Würde allerdings die Verantwortung für die Überforderung übernommen, lautete die Aussage: „Ich kann es nicht. Ich bin den Herausforderungen nicht gewachsen. Ich werde mehr lernen und mich anpassen" Hier wird auch schon das Dilemma sichtbar: Stress zu haben, macht uns einerseits interessant und verweist auf unsere Unersetzbarkeit. Andererseits überfordert uns, unser eigener Anspruch und die Erwartungen der Gesellschaft. Psychologen sprechen mittlerweile von ausgeprägten Stresssüchten, da Cortisol wie eine Droge wirkt. Rauchst Du noch oder bist Du schon Cortisol-süchtig? Wenngleich diese Frage vielleicht sehr provokant erscheint, ist sie es womöglich Wert genauer darüber nachzudenken. Wir gehen später darauf noch ausführlicher ein.

2.
Neuronale und biochemische Prozesse

Unser Körper ist darauf ausgelegt, uns so gut wie möglich vor Gefahren zu schützen. Das ist auch gut so. Zum Beispiel bremsen wir im Auto ganz automatisch, damit wir keine Unfälle bauen. Mit dem Notfallprogramm Angst sorgen wir dafür, ohne darüber bewusst nachzudenken, dass unser Körper sich auf Flucht oder Angriff einstellt. Dieses Programm ist uralt. Es unterscheidet übrigens nicht zwischen Stress und Angst. Für das System ist es das Gleiche. Schon als Urmenschen versteckten wir uns vor Säbelzahntigern instinktiv und diskutierten nicht mit ihnen.

Was passiert bei Angst oder Stress?

Sind wir nervlich stark belastet, werden verschiedene Regionen unseres Gehirns aktiv. Wie bei einem guten Team arbeiten diese Regionen eng miteinander zusammen. Wir möchten schließlich die Gefahr schnell beseitigen.

Neurotransmitter und Hormone wie Adrenalin und Cortisol übernehmen die Regie im Körper und lösen eine Vielzahl an Reaktionen in uns aus. Kurzfristig sind sie sinnvoll, langfristig aber ungesund.

Folgendes Zitat von Bruce McEwan, Neurowissenschaftler, Rockefeller University, New York zeigt, wie Dein Gehirn unter Anspannung arbeitet:

„Das Gehirn ist das Organ, das entscheidet, welche Erfahrungen stressig sind."

Bruce McEwan

Die Amygdala unsere Angstzentrale

Die Amygdala – ein mandelförmiger Komplex von Nervenzellen – steuert zusammen mit anderen Regionen im Gehirn, unsere psychischen und körperlichen Reaktionen. Ab einer bestimmten Grenze der Nervenaktivität setzt sie die Stressreaktion in Gang. Dabei nutzt sie zwei Wege. Der schnellere Weg läuft über das sogenannte sympathische Nervensystem. Mit diesem Reflex löst das Gehirn aus, dass sich unser Körper auf Aktion einstellt. Etwas langsamer hingegen findet der Weg über den Hypothalamus statt. Dieser ist ein komplexes Gebilde, das sich im Zwischenhirn befindet. Hier werden grundlegende Funktionen hormonell gesteuert. Für alle Stressreaktionen werden eine ganze Kaskade von Hormonen in Gang gesetzt, damit wir komplex reagieren.

Über das sympathische Nervensystem im Rückenmark gelangt die Information "Gefahr" im menschlichen Körper zur Nebenniere, die Adrenalin und Noradrenalin ausschüttet.

Doch nicht nur Stressreaktionen werden mit der Amygdala automatisch gesteuert. Sie veranlasst auch eine bedeutende Gedächtnisregion den Hippocampus die Situation als gefährlich einzustufen und abzuspeichern. Negative und bedrohliche Ereignisse waren evolutionär betrachtet weitaus wichtiger als positive und daher werden sie bevorzugt gespeichert. Eine erneute oder ähnliche Konfrontation mit einem Stressfaktor lässt uns deshalb immer schneller reagieren. Wenn der Nachbar zum 3. Mal in dieser Woche Trompete übt, sind wir schon nach dem zweiten Takt komplett genervt.

Reaktionen aufgrund von akutem Stress oder Angst:

- Die **Atmung** beschleunigt.

- Der **Blutdruck** wird erhöht.

- Der **Herzschlag** steigt.

- Über die **Leber** wird mehr **Blutzucker** produziert, das sorgt für mehr Energie. Dies kann sich auch auf das Körpergewicht auswirken.

- Die **Milz** schwemmt mehr **rote Blutkörperchen** aus, was für den **Transport von Sauerstoff** maßgeblich ist.

- Der **Muskeltonus** steigt schlagartig an. Das führt zu Verspannungen, zu massivem Zittern oder zu automatischem Fußwippen. Manche Menschen knirschen dabei unwillkürlich mit den Zähnen, ohne es zu merken.

- Damit der Körper vor Blutverlust geschützt wird, der lebensbedrohlich werden kann, **gerinnt unser Blut tendenziell schneller.**

- **Gefäße verengen sich,** um bei einer Verletzung den Blutverlust zu verringern.

- **Verdauung wird verlangsamt,** denn das Blut wird in den Muskeln gebraucht.

- **Sexuelle Lust verringert sich,** Libido fördernde Hormone werden blockiert.

Was in bedrohlichen Momenten, beispielsweise beim Angriff eines Säbelzahntigers, fürs Überleben nützlich ist, kann aber bei permanenten Bedrohungen verheerende Folgen haben.

Stress macht krank

Bei Dauerstress können wir uns nicht ausreichend erholen. Dies führt mit der Zeit zur **Erschöpfung** und kann sich auf die gesamte Gesundheit auswirken.

In unserem Gehirn entstehen nachhaltige Folgen. Es schrumpft die Gehirnmasse und die Verästelungen des Gehirns nehmen ab. Dadurch verschlechtert sich die Gedächtnisleistung.

Im Folgenden eine Liste von Krankheiten, die von Dauerstress ausgelöst werden:

- Depressionen
- Burn-out
- Ängste
- psychosomatische Störungen
- Sexuelle Unlust
- Schlafstörungen
- Konzentrationsstörungen
- Antriebslosigkeit
- Leistungsverringerung
- Verdauungsstörungen
- Magengeschwüre
- Tinnitus / Hörsturz
- Schlaganfall
- Herzinfarkt
- Kopfschmerzen

Der Mensch opfert seine Ge-
sundheit, um Geld zu machen.

Dann opfert er sein Geld, um
seine Gesundheit wieder zu er-
langen.

Und dann ist er so ängstlich we-
gen der Zukunft, dass er die Ge-
genwart nicht genießt;

das Resultat ist, dass er nicht in
der Gegenwart lebt;

er lebt, als würde er nie ster-
ben, und dann stirbt er und hat
nie wirklich gelebt.

Dalai Lama

Stressbewertung

Vor allem mit einem stammesgeschichtlich jüngeren Teil unseres Hirns, dem Stirnlappen - präfron-
taler Cortex - werden unsere Emotionen kontrol-
liert. Mit dessen Hilfe können wir durch logisches
Denken und die sofortige Analyse unsere Emotionen beeinflussen – und zwar sofort. Er spielt eine
große Rolle bei der Bewertung, wie wir Stress
wahrnehmen. Dauerhafter Stress kann den präf-
rontalen Cortex verändern. So wird es schwerer für
uns, aus „dem Bauch heraus" sinnvolle Entscheidungen zu treffen.

Wusstest Du, dass wir zu wenig und zu einfache Anforderungen an uns genauso als negativen Stress
einstufen? Wo liegt Dein Optimum an Herausforderungen? Was ist zu wenig und was zu viel? Betrachte achtsam Deine Fähigkeiten und Bedürfnisse.

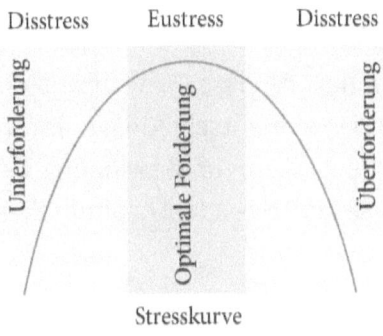

Stresskurve

Welche Bedeutung hat der Vagusnerv?

Der Vagusnerv, auch als Nervus vagus oder Einge-
weidenerv bekannt, ist ein wichtiger Hirnnerv und
wird sogar als Selbstheilungsnerv bezeichnet. Das
autonome Nervensystem regelt, wie wir mit Stress
im Leben umgehen.

Wenn der Vagusnerv stimuliert wird, kannst Du alle
Organe wie Lunge, Herz und Verdauungstrakt posi-
tiv beeinflussen und Deine Selbstheilung anregen.
Er ist zuständig für alle regenerativen Prozesse im
Körper und wird hauptsächlich aktiv, wenn wir uns
in einer Ruhephase befinden.

Fazit: Je entspannter Du bist, desto aktiver ist Dein
Vagusnerv und umso besser geht es Deiner Gesundheit.

Die Stimulation vom Vagusnerv mit einfachen
Übungen, steigert Deine Resilienz und senkt die
Stressempfindlichkeit.

Wie funktioniert es, dass Du Dich selbst auf natürliche Art und Weise entschleunigen kannst? Du findest viele Techniken zur Gewinnung Deiner Ner-
venstärke in den folgenden Kapiteln dieses Ratge-
bers.

3.
Ursachen von Stress

Wodurch entsteht Stress überhaupt?

Sicher kennst auch Du das Credo: „Höher, schneller, weiter!" Doch – gibt es ein erreichtes Ziel, mit dem wir wirklich nachhaltig zufrieden sind? Die Folge vom psychischen Druck, der auf Bankern, Akademikern, Lehrern oder bereits Schulkindern und Jugendlichen lastet, ist enorm. Während vor vielen Jahren noch die körperlichen Strapazen für die Menschen zu Problemen führten, ist es heute immer häufiger die Seele, die erkrankt. Zu viele Reize, hohe Ziele und Anforderungen, sorgen dafür, dass wir schnell unser Wohlbefinden aus den Augen verlieren und uns nicht mehr spüren. Eine Negativ-Spirale beginnt. Aber wir können sie stoppen durch das Wiederfinden der richtigen Balance zwischen Anspannung und Entspannung.

Optimierungswahn, angefeuert durch soziale Medien und die Werbeindustrie, manipulieren unsere Ideale und Wünsche angefangen von der Figur, über Urlaube, bis hin zu den Erfolgen.

Natürlich vergleichen wir uns in den Industriestaaten unwillkürlich mit unseren Mitmenschen. Den Maßstab, den wir an uns und andere innerlich setzen, können wir oft selbst nicht mehr erfüllen. Wir kennen keine Grenzen nach oben. Viele Menschen sind gierig nach Macht und Ansehen. Gibt es wirklich ein Ziel, das uns genug ist? Genau aus diesem Grunde leiden viele Menschen an großem Druck. Aber: Vergleichen macht seelisch arm. Der Vergleich ist des Glückes Tod. Wir sind einmalig. Einzigartigkeit braucht keine Optimierung und lässt sich nicht vergleichen.

Hochqualifizierte Akademiker leiden nicht selten an hohem Stressaufkommen, weil sie selbst nie erfolgreich genug sein können. Es reicht nicht, einen guten Studien-Abschluss vorzuweisen. Sehr ergebnisreiche Menschen möchten sich oft schnell weiterqualifizieren und Spitzenpositionen erreichen in der Hoffnung, dass sie sich dann mit ihren Errungenschaften wohlfühlen. Doch schnell wird die Sucht nach Erfolg zu groß.

Wir leben in einer Zeit
vollkommener Mittel und
verworrener Ziele.

Albert Einstein

Die Gesellschaft lebt es uns vor: Wir setzen uns selbst meist stark unter Druck, weil wir perfekt sein möchten. Wir wollen glänzen, vor anderen, aber vor allem vor uns selbst. Selten kommen wir wirklich in uns selbst an und sind mit uns zufrieden.

Wachstum von psychosomatischen Erkrankungen ist nicht umsonst gerade bei Personen in überdurchschnittlich qualifizierten Positionen deutlich höher.

Also sollen wir alle nur noch chillen und uns keine Ziele mehr setzen?

Um in unserer Leistungsgesellschaft funktionieren zu können, gehören Herausforderungen und Verantwortung dazu, damit wir Anerkennung erfahren und uns respektieren. Beherzige dabei folgende Weisheit, die in der Coaching-Welt stark propagiert wird:

„Übertriebene Stärken werden zu Schwächen!"

Verbissenheit und ein übertriebener Perfektionismus sorgen für unnötigen Druck. Gerade in unserer Wohlstandsgesellschaft solltest Du Dir immer wieder vor Augen halten: „Wir jammern im Champagnerglas" – Achte darauf, dass Du Termindruck rechtzeitig entgegenwirkst. Sei dankbar für das, was Du hast, und strebe nicht permanent nach Dingen, die Du besitzen willst. In folgendem Zitat der Lyrikerin Rose von der Au (*1953) siehst Du, dass wir oft selbst Opfer unserer eigenen Perfektion sind.

> *„Je mehr ein Mensch nach Perfektionismus strebt, umso unzulänglicher ist er oder fühlt sich so. Wäre er wirklich „perfekt", müsste er nicht krampfhaft danach streben."*
>
> *Rose von der Au*

4.
Die Arten von Stress

Natürlich müssen wir Stress nicht immer mit negativen Gedanken und Emotionen in Verbindung bringen. Im Grundsatz gilt es, Stress nicht plakativ zu verurteilen, sondern zu differenzieren.

Kein Mensch ist so beschäftigt,
dass er nicht die Zeit hat,
überall zu erzählen,
wie beschäftigt er ist.

Robert Lembke

Eustress – positiv und genial

Vielleicht kennst auch Du diese Art von Stress, die uns beflügelt. Wir möchten nach der Arbeit schnell zum Sport eilen, um uns danach fit und voller Energie mit unseren Freunden zu treffen. Natürlich hetzen wir hier schnell von einem Termin zum anderen. Doch – wir fühlen uns gut dabei und freuen uns darauf. Stress kann nämlich unglaubliche Energien freisetzen und guttun. Wenn wir uns für den Job engagieren und einen Workshop mit einem Erfolg zu Ende bringen, ist dies sicher ein großer Stress-Faktor für uns. Doch – ist das Ergebnis dann so, wie wir es uns vorstellen, dann genießen wir Anerkennung und Respekt. Auch viele Hobbys lassen uns abschalten indem sie unsere Aufmerksamkeit auf sich ziehen: Laufen, Handarbeiten wie Stricken, Zeichnen, Malen, ein Musikinstrument spielen und viele mehr. Wir kommen in uns an und in eine Art von „Flow!"

Disstress – negativ und destruktiv

Nun gibt es natürlich auch die Kehrseite der Medaille. Der Stress, den wir als belastend empfinden. Immer nur gegen die Zeit zu arbeiten, kann strapazieren. Wenn Du im Privatleben mit Kindern und dem Partner von einem Date zum anderen hetzt, zig Freizeitaktivitäten wie Sport, Musik, Treffen mit Verwandten und Freunden oder Termine in der Schule anstehen, fehlen Dir die Erholungsphasen. So wird der Eustress schnell zum Disstress, die Grenze dazu ist nämlich fließend. Woran kannst Du erkennen, wenn Du Dich im Disstress befindest? Sind Schlafstörungen, innere Unruhe, nicht enden wollendes Grübeln an der Tagesordnung? Dann solltest Du mit einem hohen Maß an Wachsamkeit reagieren. Sei achtsam mit Dir. Dauer-Disstress schadet.

*Manche halten einen
ausgefüllten Terminkalender
für ein ausgefülltes Leben.*

Gerhard Uhlenbruck

Vermeidbarer Stress

So manchen Stress könnten wir vermeiden, indem wir unser Zeitmanagement verbessern. Verhindere durch vorausschauendes Denken vorhersehbare Strapazen. Wie? Plane Zeitpuffer ein.

Nutze durchaus auch andere Verkehrsmittel. Setze Dich im Sommer aufs Rad, Du hältst Dich fit und Du umgehst nervige Staus. Bilde Fahrgemeinschaften. Das schont die Nerven bei der Parkplatzsuche, spart Fahrtkosten und ist unterhaltsamer. Es gibt genügend Mitfahrzentralen, die in ganz Deutschland sinnvolle Reisegruppen organisieren.

Ein weiteres Beispiel, wie Du dem Alltagsstress ausweichen kannst:

Schalte News und Pushnachrichten ab. Was geschieht, wenn wir folgende Kurzinformationen erhalten: „In Armenien wird ein neuer Präsident gewählt" und „In Timbuktu hat es ein Erdbeben gegeben"? - Mehr als Dir bewusst ist:

1. Wir sind gezwungen diesen Gedanken auch zu denken. Normalerweise hätten wir gerade an etwas anderes gedacht, zum Beispiel daran unseren Partner anzurufen. Bis vor 2 Sekunden hätte es uns gar nicht interessiert, was in Armenien oder Timbuktu los ist.

2. Hinzu kommt, dass unser Handlungsimpuls angeregt wird: Wie können wir helfen? Dieser Impuls kann nicht umgesetzt werden. Ein Gefühl der traurigen Hilflosigkeit lähmt uns. Unser Mitgefühl wurde umsonst aktiviert.

3. Wir haben das Gefühl etwas zu wissen. Die Kurznachrichten sind aber nur Fragmente und obendrein eingefärbt von der Meinung des Verfassers oder Absenders. Im Grunde wissen wir nichts. Keine Zusammenhänge, keine Hintergründe. Es gibt NIE die eine Ursache oder den einen Grund für etwas. Komplexe geschichtliche Ereignisse, wirtschaftspolitische Machtverhältnisse und verstrickte Beziehungen zu verstehen, bedarf es umfangreicher Recherchen. Wir denken jetzt aber, etwas zu wissen, weil wir eine Nachricht gehört haben. Wir bilden uns also eine Meinung zu einem Thema, das uns eigentlich nicht interessiert, auf der Basis von jemanden, den wir nicht kennen und geraten in eine deprimierte Stimmung, die uns nicht mal persönlich betrifft.

Deshalb unbedingt Informationen filtern:

- Sind sie wichtig für mich?

- Kann ich helfen?

- Kann mir damit geholfen werden?

Und wenn alle Antworten Nein lauten: einfach einen konstruktiven, eigenen, konkreten oder positiven Gedanken dagegensetzen.

In Krisensituationen gilt wie beim Geheimdienst ein absolutes Nachrichtenverbot - weil man dann nicht filtrieren kann!

Eine Mediation, klassische Musik, ein interessantes Buch oder ein entspannendes Wannenbad nach einem anstrengenden Arbeitstag sind oft die bessere Alternative, als sich genervt in der Kneipe mit Freunden zu treffen, denen man sich doch nur verpflichtet fühlt. Unachtsamkeit uns selbst gegenüber und die Ignoranz unserer Bedürfnisse, sind oft die Hauptursache für innere Unruhe und Überforderung. Tatsächlich können wir durch Erlernen von Achtsamkeit gelassener und glücklicher leben. Indem wir „Nein" zu uns Aufgezwungenem sagen, sagen wir „Ja" zu uns. Wenn wir uns abgrenzen von gesellschaftlichen Zwängen, stärken wir gleichzeitig unsere Persönlichkeit.

Unvermeidbarer Stress

Wir können den Wind nicht
ändern, aber wir können die
Segel richtig setzen.

Aristoteles

Abgabetermin Morgen 16 Uhr. Und Du hast noch keine Idee, kein Konzept. Nun gibt es 2 Möglichkeiten: Du sagst klar, dass dieser Termin unrealistisch ist, und versuchst ihn zu verschieben. Wenn das nicht geht:

Sieh es als Herausforderung an. Ein Wettbewerb mit Dir selbst. Unmöglich? Dann erst recht!

Maßnahmen für ein wirklich kurzfristiges zeitaufwendiges Projekt:

1. Bereite Dich innerlich darauf vor. Das kannst Du mit dieser körperlichen Übung verstärken:

   - Stelle Dich breitbeinig hin.

- Strecke die Arme nach oben und mache Dich so groß es geht.

- Nun legst Du Dein Stresslevel fest, welches Du bereit bist bis zum Ende des Projektes zu halten. Zum Beispiel 20 cm über Deinem Kopf.

- Atme langsam einmal tief ein, halte den Atem und schließe kurz die Augen.

- Dann atmest Du aus, indem Du die Arme wieder senkst und die Augen öffnest.

- Lege genau fest, wie lange Du diese Anspannung halten möchtest und was Du Entspannendes danach machen möchtest.

2. Stoppe alle ablenkenden Störfaktoren: Handy in den Flugmodus und ab in die Jackentasche oder an einen Ort, den Du nicht siehst. Verlege alle Termine, die sich verschieben lassen. Organisiere Dir Hilfe bei der Kinderbetreuung etc.

3. Geh mit Freude und Elan an Deine Aufgabe. Gibt es bereits Vorlagen, die Du umgestalten kannst? Mit positiver Energie geht alles doppelt so schnell.

4. Stelle Dir immer wieder das fertige Projekt vor. Kannst Du Mitarbeiter zur Hilfe holen?

5. Baue einen oder mehrere Puffer ein. Lege Deine Deadline deutlich vor den Abgabetermin.

Für alles gilt: Bewahre Ruhe und mache öfter Pausen. Computerarbeit ist für unsere Augen und das Gehirn Hochleistungsmarathon. Wenn Du das gesamte Projekt nicht wegen Kopfschmerzen riskieren willst, gönne Dir immer wieder zwischendurch eine kleine Pause, idealerweise jede halbe Stunde ca. 3-5 min. Du wirst überrascht sein: Deine Konzentration und Deine Leistung verbessern sich. Natürlich sind Pausen auch bei anderen sinnvoll, zum Beispiel körperlichen Tätigkeiten. Finde Dein persönliches Idealmaß.

Stress in Ausnahmesituationen

Plötzliche Schicksalsschläge können zu großem Stressaufkommen führen. Egal, ob Trennungen, Krankheiten, Unfälle, Umweltkatastrophen oder gar Todesfälle können große Belastung und Panik auslösen. Das Potenzial von außen ist also groß. Wir alle wären keine Menschen, wenn wir nicht trauern würden, wenn ein geliebter Mensch stirbt oder leidet. Trauer und Verlustangst bedeuten eine massive Nervenbelastung. Wenn unsere Kinder krank sind und sich ihr Zustand massiv zuspitzt, wären wir keine sorgsamen Eltern, würden wir uns nicht kümmern.

Egal, was Dir im Leben auch widerfährt, Du wirst es schaffen. Kummer und Rückschläge brauchen Zeit. Nimm sie Dir! Sei geduldig!

Achte auf die richtige Einstellung, die Du selbst durch Deine Denkweise steuern kannst. Gerade an Krisen und schweren Verlusten wächst Du am meisten. Ist das Glas halb voll oder halb leer? Diese Sichtweise hilft uns dabei, gelassener, ruhiger und in uns selbst stärker zu werden.

Wünsche dir nicht, dass es einfacher wird. Wünsche dir, dass du stärker wirst.

Jim Rohn

Positiven Stress vom negativen unterscheiden

Wenn innerer Stress für Dich zur Belastung wird, spätestens dann, wenn Du an Schlafstörungen leidest oder Dich mit tiefer Angst und Depressionen aufgrund Verzweiflung im Alltag auseinandersetzt, solltest Du mit dem Anti-Stress-Programm sofort beginnen und wenn nötig Hilfe suchen und zu einem Arzt gehen. Eustress kann sehr schnell zum Disstress werden. Bitte warte nicht, bis Du nervlich völlig am Ende bist, um Deinen persönlichen Stress so gut wie möglich zu reduzieren.

Sehr wichtig ist sie allemal, die folgende Tatsache:

Selbstwert und Stressbewältigung hängen zusammen! Guter Stress beflügelt uns!

5.
Wann empfinde ich Stress?

Die Individualität der Stressoren liegt auf der Hand. Jedes Wesen reagiert bei bestimmten Situationen völlig anders. Während mancher bei quengelnden Kindern schon früh die Nerven verliert, reagieren andere mit mehr Ruhe und Gelassenheit auf genau dieselbe Situation.

Warum haben wir unterschiedliche Stresslevel?

Wie verschieden wir reagieren, hängt mit unseren Genen, mit der Belastbarkeit, unseren Erfahrungen und vielen anderen Dingen zusammen. Wie jeder Mensch mit unterschiedlichen Symptomen auf Stress reagiert, so ist auch das Level, wann wir überfordert sind, sehr individuell.

Mittlerweile bieten Krankenkassen Kurse an, in denen Du Deinen persönlichen Stresspegel messen kannst. Allerdings ist sicher auch Dir bekannt, dass Du nicht jeden Tag gleich auf dieselbe Situation reagierst. Im ausgeruhten Zustand fällt es bei-spielsweise leichter, sich auf die Arbeit zu konzent-rieren, als nach einer schlaflosen Nacht.

Im Laufe unseres Lebens ändert sich auch unser Überforderungsempfinden.

Ein Beispiel:

Stress pur stellt es für junge Autofahrer dar, wenn sie einen Bagatelle-Unfall bauen. Natürlich ist eine derartige Situation auch für manch älteren Men-schen ab und an Grund zum Ärger. Generell jedoch sagt sich ein fünfzigjähriger Fahrer vielleicht: „Gut, dass es keinen Personenschaden gibt! Blech kann man bezahlen, auch wenn es mehrere Gespräche mit der Versicherung geben wird." Ohnehin wissen wir die Gesundheit in reiferen Jahren mehr zu schätzen als in Jüngeren.

Umgekehrt sind Junge weniger gestresst, wenn sie das Bedienen neuer Technik erlernen müssen. Während Ältere schon mit einer etwas komplexe-ren Fernbedienung völlig genervt sind, weil es mehrere Knöpfe zu drücken gibt, als einen, um an das gewünschte Programm zu kommen, Zeit ist schließlich wertvoll. Ältere sind hierbei nicht unbe-dingt ungeschickter, mit Sicherheit jedoch oftmals ungeduldiger, sie möchten ihre Zeit möglichst sinn-reich nutzen.

Wie hoch würdest Du auf einer Skala von 1 bis 10 Deine Belastungsgrenze bei bestimmten Einflussfaktoren einstufen? Wenn 1 gering und 10 massiv ist:

- Todesfall des Partners

- Umzug in eine andere Stadt

- Erhöhtes Arbeitsaufkommen

- Jobverlust

- Scheidung/Trennung vom Lebenspartner

- Viel Verkehr

- Leichte Schmerzen

Sind wir zu stressempfindlich?

Oder ist unsere Zeit zu stressig?

Dauerstress ist zur größten Wohlstandskrankheit unserer Leistungsgesellschaft geworden.

Im täglichen Hamsterrad und durch Reizüberflutung verlieren wir jeden Tag ein wenig mehr den Blick für das Wesentliche.

Wir chatten mit Freunden und posten die News aus unserem Leben, anstatt uns mit den Menschen, die uns nahe stehen, persönlich zu treffen. Doch wissen wir dabei auch wirklich, wie es dem anderen geht und wie er fühlt? Wir sind stressempfindlich aber reden kaum mehr persönlich miteinander. Warum? Wenn wir zu viel um die Ohren haben, gehen wir nicht mehr bewusst auf andere zu. Unsere Umwelt und Mitmenschen interessieren uns immer weniger. Einsamkeit schleicht sich unbemerkt in unser Leben - und wir merken es nicht, weil wir zu beschäftigt sind mit unseren Chats und Messages.

Leben wir wirklich im Hier und Jetzt und konzentrieren uns auf die wesentlichen Dinge im Leben?

Wenn wir gleichzeitig viele Dinge verrichten möchten und im Sinne von Multitasking leben, und das auf Dauer, werden wir nicht leistungsfähiger – ganz im Gegenteil. Die Fehlerquote ist größer, wenn wir nicht wie die Buddhisten im gegenwärtigen Moment leben. „Genieße die Sonne, lebe den Augenblick"– diese und andere Weisheiten finden wir in fast jedem Ratgeber rund um das Thema glücklich sein. Die Suche nach dem großen Glück, welches wir in unserem Selbstwert finden möchten, ist angesagter denn je.

Doch – weshalb sehen wir das Glück nicht, das uns hilft, im Alltag zu entschleunigen? Das Stressbarometer zu reduzieren heißt, das Gänseblümchen am Wegesrand zu erblicken, die Sonne zu genießen und dem Lachen eines Kindes begeistert zu folgen.

Ich frage Dich – warum sitzen wir dennoch mit dem Smartphone auf der Bank in der Natur, während wir die Vögel, die um uns herum fröhlich zwitschern, gar nicht mehr wahrnehmen? Entschleunigen heißt, ein oder zwei Gänge zurückzuschalten. Erfreue Dich an Deinem jetzigen Leben, genieße es, dass Du lebst, atmest und im Idealfall gesund bist. Selbst von kranken Menschen können wir jede Menge lernen, was das eigene Glücksempfinden ausdrückt. Sie wissen es sehr zu schätzen, einen liebevollen Menschen, um sich zu haben und ein nettes Gespräch mit der Nachbarin zu führen. Sie hören den Leuten zu, weil sie sich dafür Zeit nehmen. Wie oft hörst Du beim Telefonieren zwar zu, aber bist durch den Laptop abgelenkt und nicht aufmerksam bei Deinem Gesprächspartner? Zuhören heißt nicht, sich die Ohren zuzuhalten oder bloß nicht von seinen eigenen Gedanken abbringen zu lassen. Aktives Zuhören ist ein erster Weg, um Belastungen und Unstimmigkeiten zu reduzieren.

Luxus oder Existenz

Während die größte Sorge mancher Menschen lautet, den neusten Modetrend zu verpassen, leiden andere unter echten Existenzängsten.

Ein bekanntes deutsches Supermodel bekam aufgrund von Verlustängsten einen Nervenzusammenbruch und musste psychiatrisch behandelt werden. Der Auslöser: Ihr Privatvermögen war auf 2,3 Mio. Euro geschrumpft. Sie lud niemanden mehr zum Essen ein und sparte, wo sie nur konnte. Es kann also jeden treffen: Existenzangst und die ist scheinbar nicht an Geldbesitz gebunden.

Noch vor wenigen Jahren reichte ein Einkommen aus, um eine Familie zu ernähren. Heute müssen meist beide Eltern arbeiten. Die Mieten sind in den letzten Jahren rasant gestiegen, im Gegensatz zu den Gehältern. Es gibt unzählige weitere Gründe, warum man in eine finanzielle Notsituation geraten kann. Aber seltsamerweise rackern wir blind weiter und zweifeln auch noch an uns selbst. Es ist kein Grund, sich zu schämen. Nimm es als Anlass etwas zu ändern.

Tipp: Ändere auf jeden Fall Deinen Blickwinkel. Betrachte Deine Situation aus der Vogelperspektive. Gibt es Positionen, an denen Du sparen kannst?

Könnte eine größere Veränderung helfen, wie ein Umzug in eine kleinere Wohnung oder günstigere Wohngegend, Zusammenziehen in eine WG oder eine gemeinsame Wohnung? Wenn Du ein höheres Einkommen brauchst, setzte Dich mit Weiterbildungsmöglichkeiten auseinander. Suche im Internet nach alternativen Jobangeboten. Oder mach Dich zusätzlich selbstständig. Führe eine Gehaltsverhandlung.

Erstelle eine Liste mit Punkten aus der Sicht Deiner Kollegen und Deinem Chef, was Dich für Dein Unternehmen wertvoll macht, und führe in Gedanken ein Gehaltsverhandlungsgespräch. Bei diesem Gespräch hast Du klar und deutlich Deine Stärken und die Vorteile, die Du für das Unternehmen bringst im Fokus. Erinnere Dich an Projekte, die richtig gut gelaufen sind und der Entwicklung für die Firma/das Team nützlich waren.

Während Du das Gehaltsverhandlungsgespräch führst, hast Du am besten bereits mehrere Bewerbungsgespräche mit Zusage seitens der Firmen geführt, die für Dich absolute Traumjobs und Traumgehälter darstellen. Somit bist Du tiefenentspannt, denn egal wie das Ergebnis dieses Termins aussieht: Du hast gewonnen!

6.
Wenn Stress krank macht

*„Die modernen Menschen
werden nicht mit Peitschen,
sondern mit Terminen
geschlagen."*

Telly Savalas

Natürlich wissen einige Menschen manches erst zu schätzen, wenn sie es nicht mehr haben. Wusstest Du, dass Stress die größte Bedrohung für unsere Gesundheit ist? Gerade psychosomatische Krankheiten wir Burn-out, Depression, Panik- oder Angstzustände sind keine Bagatellen, die Du einfach ignorieren darfst. Lass Dir von einem Therapeuten helfen.

Was ist Burn-out?

Früher galt Burn-out noch als Manager Krankheit, die nur speziell besonders engagierte Menschen betraf. Heute wissen wir, dass emotionales, körperliches und geistiges Ausgebrannt-Sein jeden von uns treffen kann.

Unter dem Burn-out-Syndrom sind verschiedene Anzeichen, die mit einem anhaltenden emotionalen und körperlichen Erschöpfungszustand zusammenhängen zu verstehen.

Gefährlich ist, dass es sich schleichend entwickelt, sodass erste Warnsignale oft übersehen werden.

Schätzungen zufolge haben etwa 30 % aller Arbeitnehmer das Risiko, an einem Burn-out zu erkranken. Vor allem die veränderte Arbeitssituation in vielen Branchen, mehr Verantwortung und mehr Leistung und ausbleibende Erfolgserlebnisse und Erholungsphasen sind die Ursachen dafür. Betroffene berichten von einem Abwenden von anderen Menschen in Folge von Überforderung, aus Selbstschutz.

Burn-out betrifft Körper und Psyche gleichermaßen.

Die Kennzeichen äußern sich sehr unterschiedlich. Sind es zunächst körperliche Beschwerden, kann man diese schwierig als Burn-out-Symptome erkennen.

Mögliche Anzeichen von Burn-out:

- Energielosigkeit
- Konzentrationsschwächen
- Gedächtnisprobleme
- Entscheidungsunfähigkeit
- Leistungsschwäche
- Antriebsschwäche
- Versagensängste
- Gleichgültigkeit
- Innere Leere und Langeweile
- Desillusionierung
- Verzweiflung
- Ruhelosigkeit
- nervöse Unruhe
- Schlafstörungen
- Schwächegefühl
- Bitterkeit
- Ichbezogenheit
- Desinteresse an anderen Menschen
- Gefühl mangelnder Anerkennung
- Geringe Frustrationsschwelle

Der Unterschied zwischen Depression und Burn-out?

Da beide ähnliche Symptome aufweisen, ist es schwierig, zwischen einem Burn-out-Syndrom und einer Depression klar zu unterscheiden. Als einziger Unterschied wird für ein Burn-out-Syndrom aber eine schwierige, belastende und übermäßig stressige Lebenssituation bzw. Lebensphase verantwortlich gemacht.

Für das Burn-out-Syndrom gibt es bisher keine verbindliche Definition. Damit handelt es sich auch nicht um eine anerkannte Krankheit – im Gegensatz zur Depression. Das Ausgebrannt-Sein kann man als eine Vorstufe der Depression ansehen, weil sich viele Burn-out-Patienten depressiv fühlen und dieser Zustand oft schleichend in eine Depression übergehen kann.

Bist Du ein Cortisol-Junkie?
Hier der Selbstcheck:

(Cortisol ist das körpereigene Haupt-Stresshormon.)

1. Hast Du häufig Schmerzen?

Zum Beispiel wöchentlich Kopf-, Nacken-, Rücken-, Herzschmerzen?

Eine mögliche Ursache könnte sein: Sind diese über einen langen Zeitraum zu hoch, dann sind unsere Nebennieren überlastet. Stress geht uns buchstäblich an die Nieren. Zuviel Cortisol hypersensibilisiert das Schmerzzentrum im Gehirn, sodass auch der geringste Anlass, kleinste Reizung oder minimalste Druck ausreicht, Schmerzen auszulösen. Denn unser Prolaktin-Wert steigt, was die Schmerzempfindlichkeit erhöht.

2. Schläfst Du schlecht?

Ein Zeichen von einem zu hohen Cortisolspiegel ist, wenn Sie gegen Mitternacht aufwachen und danach kaum oder nicht mehr tief schlafen. Cortisol verhindert nämlich einen intensiven Schlaf und dass wir uns nachts gut regenerieren.

3. Du bekommst Dein Fett nicht weg?

Du nimmst zu, speziell im Bauchbereich, obwohl Du trainierst und auf eine gesunde ballaststoffreiche zuckerarme Ernährung achtest? Eine Nebenwirkung von Cortisol ist es, Fettdepots an unserer Körpermitte, unserem Bauch, zu bilden. Die Körpermitte wird dick, auch wenn Du Sit-ups bis zum Umfallen machst.

4. Du bist ständig verschnupft?

Schnupfen, Husten, Heiserkeit, Magen-Darm-Erkrankungen oder Hautpilz, Du hast das Gefühl Dir ständig etwas einzufangen. Kein Wunder, wenn Du Stress hast: Cortisol blockiert unser Immunsystem. Der Selbstheilungsmechanismus ist gestört. Das macht uns für jede Infektion angreifbar.

5. Du leidest an Heißhungerattacken?

Cortisol hebt den Blutzucker-Spiegel und ist der Gegenspieler von Insulin. Sie hängen wie eine Wippe zusammen. Und wenn der Blutzuckerspiegel sinkt - wer kennt es nicht? - dann packt einen die Gier nach dem nächsten "Zuckerkick", in Form von Süßigkeiten oder auch fetten Pommes, Chips und Co.

6. Deine Lust auf Sex ist unterirdisch?

Es fühlt sich wie eine halbe Ewigkeit an, wann Du das letzte Mal Deinen Körper gespürt und Lust auf Sex hattest? Du fühlst Dich zu erschöpft für Zärtlichkeiten und hast keine Zeit für Zweisamkeit? Wenn Dein Tag zu vollgepackt ist, brauchst Du Dich nicht zu wundern. Denn Stress und Lustempfinden sind absolute Erzfeinde. Stresshormone deaktivieren Libido fördernde Substanzen. Cortisol ist sozusagen das Anti-Viagra unter Deinen Hormonen.

7. Du leidest an Verdauungsproblemen?

Unser Darmgehirn - unser „2. Gehirn" produziert über 50 Prozent unserer Hormone und ist der Sitz von 70 Prozent unseres Immunsystems. Die Darmflora reagiert extrem sensibel auf Stresshormone. Und das bekommst Du zu spüren: Übelkeit, Sodbrennen, Bauchschmerzen, Durchfall oder Verstopfung aber auch Stimmungsschwankungen und Depressionen sind die Folge.

8. Du hast grundlos Panikattacken oder Angst?

Eigentlich bist Du kein Angsthase? Aber plötzlich kommen Dir völlig ungefährliche Situationen bedrohlich vor? Eine Ursache kann ein zu hoher Cortisol- oder Adrenalinspiegel sein. Er führt zu Überempfindlichkeiten und Veränderungen unserer Selbsteinschätzung und Angstwahrnehmung.

9. Du bist häufig schlecht gelaunt und traurig?

Nichts bereitet Dir Freude. Die Sonne scheint – aber irgendwie hast Du das Gefühl, die Strahlen kommen nicht bei Dir an. Es fällt Dir schwer, Dich zu freuen. Kein Wunder: Cortisol unterdrückt die Produktion von Serotonin und anderen Wohlfühl-hormonen.

10. Du fühlst nichts mehr?

Du kapselst Dich ab. Ziehst Dich zurück. Die Bedürf-tigkeit anderer lässt Dich kalt. Nähe ist Dir ein Graus. Cortisol blockiert auch die Bildung von Oxy-tocin. Auch als Kuschelhormon bekannt, sorgt es für Bindungsbedürfnis und Empathie. Fehlt es, leh-nen wir Nähe ab und trennen uns schneller von Be-ziehungen, anstatt an diesen zu arbeiten.

Was ist also zu tun, wenn Du an mehreren oder ei-nem dieser Anzeichen leidest?

- Akzeptiere es, wie es ist, und nimm diese Symptome ernst.

- Scheue nicht den Arzt oder Experten, wenn Du nicht weiterkommst.

- Es ist keine Schande, sich bei psychischen Erkrankungen helfen zu lassen, sondern eine Stärke zu seinen Problemen zu stehen und ein erster Schritt diese aufzulösen, wenn man darüber spricht.

- Es gibt oft mehrere Möglichkeiten aus Deiner angespannten Situation zu kommen. Finde den Weg aus der Krise, der zu Dir passt.

- Schenke Dir Zeit, gesund zu werden. Wenn die Seele krank ist, ist die Therapie nicht so einfach wie bei einem Knochenbruch.

Wichtig:

Stress kann unterschiedliche Ursachen haben und viele Krankheiten verursachen. Bitte packe also die Probleme als Unkraut an der Wurzel und reiße sie aus.

„Mit der Gesundheit ist es wie mit dem Salz. Man bemerkt es erst, wenn es fehlt!"

Italienisches Sprichwort

7.
Die besten Präventions- maßnahmen

Vielleicht hast Du jetzt schon die ein oder andere Idee bekommen. Schön – das ist die Grundlage für ein erfolgreiches Stress-Management in Deinem Alltag.

Achtsamkeit

Räume Deine Gedanken auf.

Achte dabei auf Deine inneren Dialoge und Selbst- gespräche. Rede mit Dir, wie Du mit einem lieben Freund oder Freundin redest, und urteile nicht hart über Dich. Kümmere Dich nur um das, was jetzt, in diesem Augenblick, wirklich wichtig ist. Denke an die Gegenwart, an Deine Stärken und das, was Du bereits geschafft hast.

Beobachte Dich selbst.

Welche Dinge sind es genau, die Dich aus der Ruhe bringen. Meist sind es immer wieder die gleichen Auslöser, die uns verzweifeln lassen. Erstelle eine Liste mit Aufgaben und Situationen, die Dich

belasten oder die Dich nerven und dann gegenüber, eine Liste mit den Dingen, die Du richtig gern
tust, die Dir leicht von der Hand gehen und die Dir
guttun. Überlege bei der Seite, die unangenehm
ist, ob Du davon Aufgaben delegieren könntest o-
der tausche mit einem Kollegen bestimmte Erledigungen. Hol Dir Hilfe oder belege eine Fortbildung
oder ein Seminar bei Dingen, die Du nicht so gut
kannst. Belohne Dich mit Erlebnissen von der Seite
mit den leichten Tätigkeiten, wenn Du eine von den
schweren geschafft hast.

Führe ein Stress-Tagebuch.

Über 3 - 7 Tage notierst Du Dir welche Situationen
Dich in Stress versetzen. Vermerke auch wie stark
dieser Stress sich anfühlt. Im Anschluss kannst Du,
Schritt für Schritt, damit beginnen, die Ursachen
langsam abzuschalten.

Selbsterkenntnis ist der ideale Weg zur Verbesse-
rung Deines Lebens. Beobachte Dich genau und be-
urteile auf einer Skala von 1 bis 10, wie sehr Du
Dich gestresst fühlst. Dabei kannst Du gerne in be-
rufliche, private, familiäre und weitere Faktoren
unterteilen. Manchmal kommt im Leben alles zusammen, manchmal malen wir jedoch bewusst alles schwarz, wenn nur eine kleine Sache schlecht
läuft. Überprüfe, ob Du alle Elemente Deines Lebens sachlich und neutral siehst.

Gönne Dir Pausen.

Kleine Auszeiten können kleine Wunder bewirken. Sei achtsam mit Deinen Ressourcen. Du bist kreativer, effizienter und besser gelaunt, wenn Du ausgeruht, aufgetankt und ausgeschlafen bist. Geh einfach in den „Nicht stören Modus" Jedes Handy hat diese Einstellung. Du auch. Nutze sie für Dich. Lege feste Stunden fest, an denen Du nur für persönliche Gespräche und für Dich selbst da bist. Einfach mal nichts empfangen.

Pflege Beziehungen.

Verabrede Dich mit Freunden, lade die Kollegin zum Frühstück ein. Ruf Deinen besten Kumpel mal wieder länger an. Erkundige Dich, wie es ihm geht, und erzähle von Deinen Vorhaben und Gedanken. Nimm teil an ihrem Leben und erzähle über Deines. Du wirst sehen, es vervielfacht sich.

Zur Beziehungspflege gehören aber auch Verbindungen, die gerade von einem Konflikt belastet sind, diesen zu erkennen und zu lösen. Oft ist der Abgrund nur noch eine Bodendelle, wenn Du ihn offen angesprochen hast.

Beginne in kleinen Schritten, Stressfaktoren abzustellen.

„Rom wurde auch nicht an einem Tag erschaffen." Beginne auch Du erst mal an Kleinigkeiten zu arbeiten, indem Du Gewohnheiten umstellst.

Ein Beispiel:

Du gerätst permanent in Stress, weil die Kinder am Abend nicht zu Bett gehen möchten. Dabei musst Du noch Hausaufgaben kontrollieren, Abendessen kochen und für ein harmonisches Abendritual sorgen. Das ist oft leichter gesagt als getan. Bitte lass Dir vom Partner oder Babysitter helfen. Hole Dir Hilfe, damit nicht alles an Dir hängen bleibt. Aufgabenteilung ist oft das Zauberwort beim Stressmanagement.

Entwickle also bereits in diesem Schritt gute Lösungsansätze, die Du fair und offen mit allen Beteiligten kommunizierst. Eine Familie ist als eine Einheit zu sehen, in der jeder am gleichen Strang ziehen sollte, damit dieser Verbund funktioniert. Auch bei der Organisation in Deiner Arbeit ist es sinnvoll, eine Aufgabenteilung vorzunehmen, damit jeder Einzelne auch im Team seine Talente möglichst sinnvoll einbringen kann.

Tipp: Lass das Fass nicht überlaufen, dass Deine Emotionen unter Stresseinfluss in einem

Wutausbruch explodieren. Versuche bitte, in diesem ersten Stadium der Stressbewältigung mit System und fair, an einem Lösungsansatz zu arbeiten. Wer sachlich Hilfe einfordert, stößt selten auf Widerstand. Wer in einem Wutausbruch andere Menschen unter erhöhtem Stressaufkommen anschreit, der brüllt selbst um Hilfe! Prävention – so hilfst Du Dir selbst, bevor es zu spät ist.

Resilienz ist das Immunsystem unserer Seele

Psychische Widerstandsfähigkeit, auch Resilienz genannt hilft uns Krisen zu überwinden und gelassener mit Stress umzugehen.

7 Grundbausteine von Resilienz:

- Akzeptiere, dass es Hochs und Tiefs gibt. Das Leben besteht aus Sonnenschein und Schatten. Resiliente Menschen verstehen Krisen und das, was Ihnen widerfährt als Teil ihres Lebens und verschwenden keine Energien sich darüber zu ärgern, dass es ausgerechnet sie erwischt hat.

- Optimismus - „Alles wird gut und wenn es noch nicht gut ist, ist es noch nicht zu Ende." Der feste Glaube daran, dass es irgendwann einmal alles so sein wird, wie Du es Dir vorstellst, macht Dich widerstandsfähig und hilft auch unangenehme Situationen zu durchstehen, als eine Art Zwischenstation mit der Vorfreude auf das positive Ende. Zudem prophezeist Du nicht nur eine rosige Zukunft, sondern programmierst sie sogar. Die Wahrscheinlichkeit, dass eine Sache gut ausgeht, ist deutlich größer, wenn Du daran glaubst.

- Selbstwirksamkeit - besinne Dich auf Deine Fähigkeiten und was Du bereits geschafft hast. Deine Stärken, wie Dein Einfühlungsvermögen, Deine Kommunikationsbereitschaft, Deine Hilfsbereitschaft oder den Workshop, den Du gut umgesetzt hast. Probleme sind Lösungen in Arbeitskleidung. Du kannst Dir sicher sein, dass Du diese Herausforderungen meistern wirst.

- Lösungsorientierung - arbeite proaktiv und für ein Ergebnis. Hast du bereits ein ähnliches Problem erfolgreich gemeistert? Lässt sich das hier übertragen? Fokussiere die Wunschsituation, nicht das Problem. Sei neugierig und kreativ. Vielleicht muss man hier mal um die Ecke denken. Kniffelige Rätsel machen mehr Spaß als einfache oder?

- Eigenverantwortlichkeit - übernehme die Zuständigkeit für Dich, indem Du Dich nicht mehr als Opfer betrachtest. Hätte ich besser aufgepasst, wäre mir das nicht passiert. Das nächste Mal bin ich aufmerksamer.

- Soziale Kontakte - Freundschaften schenken in schwierigen Situationen Halt und Kraft. Gute Freunde geben uns das Gefühl von Sicherheit und Geborgenheit. Scheue nicht in Krisensituationen ihre Hilfe anzunehmen. Du würdest das auch umgekehrt tun.

- Nimm Dich nicht so wichtig. Wer sich in seinem Universum nicht nur um sich selbst dreht, sondern bewusst die Bedürfnisse anderer achtet und einfühlsam ist, betrachtet sich nicht mehr als das Wichtigste in seinem Leben. Folglich relativieren sich viele Probleme und werden als nichtig empfunden.

Üben kannst du in kleinen Testsituationen, wie ein nerviges Telefonat, bei dem Du bewusst reflektierst, dass dies eine Superübung ist, zu testen wie lang Du es schaffst, konstruktiv und freundlich zu bleiben.

Ein Leitspruch von Dir könnte ab sofort sein:

Hoffentlich ärgert mich heute einer, da kann ich endlich mal meine wahre Größe zeigen.

Schritte zur Stressbekämpfung

Hier kannst Du selbst Dein Zeitmanagement so steuern, damit Du das Unwichtige vom Wichtigen unterscheidest. Schreibe Dir einen Tagesplan mit allen Aufgaben, die zu erfüllen sind. Nummeriere diese durch und setze Prioritäten. Danach kannst Du Dir überlegen, wie hoch der Zeitanteil sein soll, den Du für diese Aufgabe benötigst. Außerdem gilt es, bestimmte Angelegenheiten zu delegieren und Dir Gedanken zu machen, welche Arbeiten Du ggf. auch noch an anderen Tagen erfüllen kannst.

Welche Möglichkeiten bieten sich sonst noch, damit Du Zeit sparst? Bitte überdenke einmal folgende Aspekte im Vorfeld, damit Du Freiräume schaffst für Entspannung und Achtsamkeit.

10 Schritte für mehr Gelassenheit:

1. **Effizienz** bei Deinen Arbeitsschritten – welche kannst Du miteinander verbinden? Es spart Zeit und auch Energie-Kosten, bestimmte Wegstrecken für Erledigungen nicht doppelt zurückzulegen.

2. **Gewohnheiten** schaffen: Welche Gewohnheiten im Alltag erleichtern Dir zu verrichtende Arbeiten? Zum Beispiel wäre es möglich, für die Mahlzeiten vorzukochen und im Vorfeld gesunde Menüs zu planen. So gelingt es Dir an stressigen Tagen, Dich und die Liebsten gesund zu ernähren.

3. **Delegiere** Aufgaben innerhalb der Gruppe, die jeder gerne übernimmt. Wenn Deine Tochter kreativ plant, überlasse es ihr, die Wochenendausflüge zu gestalten. Das spart Dir selbst Zeit und sie fühlt sich innerlich gestärkt, ihr Talent wird im Sinne der Familie unter Beweis gestellt.

4. **Planung** ist das halbe Leben. Müssen wir wirklich an der Theaterkasse anstehen, wenn wir den Kulturabend genießen möchten? Organisiere im Vorfeld Dinge, die Du strukturiert angehen kannst. Oft sind es die kleinen Stressfaktoren, die es sehr leicht abzustellen gilt.

5. **Lerne aus Deinen Erfahrungen!** Sicher hast Du bei der „Ist-Aufnahme" der Stressfaktoren, die täglich auf Dich einströmen, schon wichtige Erkenntnisse gemacht. Aus diesen Erfahrungen solltest Du etwas lernen. Wenn es Dich zum Beispiel nervt, dass Dich Deine Freundin immer wieder mit den gleichen Geschichten über ihre Arbeit zuschwallt, grenze Dich ab. Erkläre ihr in Ruhe, dass sie nur selbst an ihrem Problem etwas verändern kann. Bei dauerhaftem Jammern hilft es, den Spruch zu beherzigen: „Love it, leave it, or change it."

6. **Visualisiere Deinen Tag.** Schreibe Dir auf, wie lange die Arbeitsschritte, die Du verrichten wirst, in etwa dauern. Schätze Dich hierbei richtig ein und behalte immer den richtigen Zeitpuffer für Unvorhergesehenes. Wetten, dass diese Visualisierung der zu erfüllenden Aufgaben Druck aus Deinem Tagesablauf nimmt?

7. **Verabrede Dich mit Dir selbst.** Sei achtsam mit Dir. Achte darauf, dass Du mindestens 2 Stunden pro Tag für Dich ohne feste Terminplanung hast. Diese kannst Du für Meditationen oder zur Entspannung nutzen.

8. **Verankere täglich ein Ruheritual,** das nur Dir und Deinem Seelenfrieden dient. Hierbei darfst Du Deiner Fantasie freien Lauf lassen. Das kann eine gute Tasse Tee, eine Fußmassage, eine Kuscheleinheit mit Deinem Stubentiger oder ein kleiner Abendspaziergang sein. Wichtig ist, dass Du Dich genau auf dieses Wunsch-Ritual richtig freust!

9. **Gehe jeden Tag spazieren.** Gedanken sind wie Kinder – sie müssen täglich draußen spielen. Forscher fanden heraus, dass schon 15 Minuten in der Natur unsere Stresshormone deutlich abbauen.

10. **Finde an jedem Tag 3 Gründe,** warum Du heute glücklich und dankbar bist. Du findest keine? Kaum vorstellbar! Sei froh darum, einen lieben Partner oder eine wunderbare Familie an der Seite zu haben. Sei dankbar für die Erlebnisse des Tages und für Deine Gesundheit.

Eines steht unumstritten fest: Visualisierung ist die Trumpfkarte, die Du spielen solltest, damit sich Deine Vorhaben in Deinem Gehirn manifestieren. So schaffst Du es, Deine Ziele umzusetzen und in Deinem Inneren zu verankern. Wie heißt es so schön? Wer schreibt, der bleibt! Ein persönliches Erfolgstagebuch gegen den Stress im Alltag wird auch Dir dabei helfen, in Zukunft mit weniger Stress und möglichst sorgenfrei zu leben. Schon jetzt wünsche ich Dir beim Aufschreiben in Deiner persönlichen Art: Viel Erfolg! Bleibe am Ball, auch wenn es Dir anfangs ungewohnt erscheint, wichtige Schritte und Prioritäten-Listen aufzuschreiben. Schriftlichkeit schafft Verbindlichkeit.

8.
Was unterstützt ein Leben ohne Stress?

Es gibt Mechanismen, die Du in Deinen Alltag gut und einfach integrieren kannst, die Dich in der Stressbewältigung unterstützen. Hast Du schon einmal über folgende Aspekte nachgedacht?

Jetzt oder nie!

Aufgaben, die wir vor uns herschieben, quälen uns mehr, als wenn wir sie einfach erledigen würden. Ein Beispiel: Du schiebst die Steuererklärung schon Monate vor Dir her. Immer, wenn Du die unsortierten Stapel der Belege auf Deinem Schreibtisch siehst, plagt Dich wieder Dein schlechtes Gewissen. Spätestens, wenn die Mahnung vom Finanzamt kommt, weißt Du: „Jetzt muss ich ran!" Doch selbst dann willst Du die Aufgabe noch nicht anpacken, was Dich gedanklich unter Stress versetzt. Was wäre besser, um sich gedanklich zu befreien? Lagere die Steuererklärung einfach an den

Steuerberater aus oder mache sie sofort. Es gibt immer Regentage, die Du für Schreibkram nutzen kannst.

Tipp: Lege Dir einmal wöchentlich oder monatlich einen Termin mit einem bestimmten Zeitraum fest, indem Du wichtige Aufgaben erledigst.

Hinterher bist Du mächtig stolz auf Dich, wenn Du diese Aufgabe in diesem Jahr schon früher erledigen konntest. Das befreit Dich von innerem Druck.

3 Minuten Regel

Verrichte alle Aufgaben, die in drei Minuten erledigt werden können, sofort.

Es ist nicht zu wenig Zeit, die wir haben, sondern es ist zu viel Zeit, die wir nicht nutzen.

Lucius Annaeus Seneca

Wehre Dich gegen Zeitfresser

Zeitfresser – wer kennt sie nicht? Die Nachbarin, die Dir immer wieder mit ihren Sorgen und Nöten ein Ohr abkaut. Der Kumpel, der immer nur kommt, wenn er Hilfe braucht. Du hörst ihm zu und hilfst ihm, dennoch weißt Du tief in Deinem Herzen: Ich bräuchte selbst Hilfe und Ruhe. Sie kosten mich Zeit und Energie. Erlaube es ihnen nicht mehr, achte Dich selbst. Wenn Du die Nachbarin im Garten siehst, die auf Dich zukommt in der Hoffnung, dass Du Dir Zeit für sie nimmst, sage einfach höflich: „Entschuldigen Sie, ich höre das Telefon klingeln!", oder „Leider habe ich keine Zeit, da meine Kinder gleich von der Schule nach Hause kommen." Höflichkeit ist besser, als vor solchen Personen die Flucht zu ergreifen.

Es gibt Diebe, die nicht bestraft
werden und einem doch das
kostbarste stehlen: Die Zeit.

Napoleon

Sinnlose Spiele oder Chats, auch soziale Medien auf dem Smartphone können ebenfalls Zeiträuber sein, sortiere gut, wofür Du Deine kostbare Zeit nutzt.

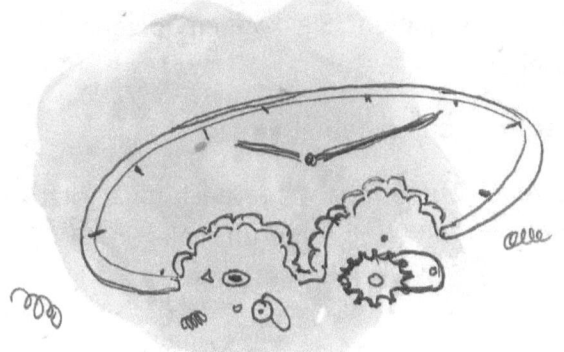

Vorbei ist vorbei

Auch dieser Aspekt ist wichtig. Manchmal muss man Dinge annehmen, wie sie sind und von Anfang an das Beste daraus machen. Sicher kennst auch Du die Gedanken an die Vergangenheit, die uns innerlich oft quälen. Sie können folgendermaßen aussehen:

„Warum habe ich damals nur ...“

„Hätte ich aufgepasst, müsste ich mich jetzt nicht mit diesen Unfallfolgen herumschlagen“

oder

„Wieso ist mir damals genau dieser toxische Mensch begegnet, der mein Leben fast ruiniert hat?“

Ich frage Dich nun: Bringen Dich diese Fragen wirklich weiter? Sicher nicht. Hier zählt eine alte Volksweisheit:

> *„Denke nur an die*
> *Vergangenheit,*
> *wenn es Deiner Zukunft*
> *auch wirklich dienlich ist!“*

Außerdem sind Ängste, Probleme-Wälzen und quälende Sorgen Energieverschwendung. Versuche, das zu sehen, was gut in Deinem Leben läuft und Deine wertvolle Zeit nicht mit sinnlosen Gedanken zu vergeuden, die Dich keinen Zentimeter im Leben voranbringen. Genaue Techniken zum Loslassen findest Du in diesem Kapitel.

Genug ist genug –
keine Überforderung!

*„Der größte Feind der Qualität
ist die Eile.“*

Henry Ford

Gönne Dir Pausen! Du bist effizienter und entspannter nach kurzen Pausen, die wir im Leben nun einmal alle brauchen! Dabei ist es wissenschaftlich mehrfach belegt: Die Gehirnleistung ist nach der Erholung höher als zuvor.

Gerade kurze Pausen an der frischen Luft, bringen Dich in Deiner Denkweise und Konzentrationsleistung wieder ein großes Stück nach vorn. Auszeiten, für die Du Dir bewusst den Wecker stellen kannst, helfen Dir ungemein, Gelassenheit in Deinen Alltag zu integrieren. Nutze die Ruhezeit, um den Arbeitsraum zu verlassen und ein paar Schritte zu gehen.

Körperkontakt und Berührungen

Beim Kuscheln und körperlicher Zuneigung produzieren wir Oxytocin. Es zählt zu den Glückshormonen und baut Stresshormone wie Cortisol ab. Es sollte keine Gelegenheit ausgelassen werden ausgiebig zu Kuscheln, Küssen und Streicheln. Also schnapp Dir Deinen Partner, Dein Kind, Deine Oma, Deinen Arbeitskollegen und wenn Du die nicht hast, Deine Katze, Deinen Hund und hier ein Geheimtipp, wenn gerade niemand da ist: Es funktioniert auch mit Dir allein: Umarme Dich einfach mal selbst!

Zeit die wir uns nehmen, ist
Zeit, die uns etwas gibt.

Ernst Ferstl

Lächle und die Welt verändert sich

Das Verziehen Deiner Gesichtsmuskeln zu einem künstlichen Lachen, für 30 Sekunden, hebt Deine Stimmung, wusstest Du das? Du kannst Dir zur Erleichterung einen Bleistift quer zwischen die Zähne legen und locker drauf beißen. Die Wangenmuskulatur wird automatisch nach hinten gezogen. Du schüttest Glückshormone wie Serotonin aus.

Ein Grund mehr, so oft wie möglich zu lächeln und zu lachen was das Zeug hält. Was spricht dagegen einfach Dein Gegenüber anzulächeln? Oder Dein Spiegelbild, wenn Du keine irritierenden Signale senden willst.

9.
Entspannungsübungen sind Gold wert

Wusstest Du, dass es gerade heute mehr als angesagt ist, Mediationen und weitere Entspannungsübungen aktiv in Deinen Alltag zu integrieren? Das Angebot ist voll von guten Methoden, die der Stressbewältigung dienen.

Die wichtigsten stelle ich Dir hier vor:

Aus dem Qi Gong

In dieser asiatischen Meditationstechnik gibt es viele Übungen, die Dich zwei bis drei Gänge runter schalten lassen. Eine einfache Übung, die Dich innerlich zur Ruhe kommen lässt, ist das meditative Gehen.

Vorwärts oder rückwärts gehen:

- Gehe langsam und systematisch vorwärts im Kreis, indem Du bewusst die Füße abrollst und Dich auf jeden einzelnen Schritt konzentrierst.

- Atme dabei bewusst tief in den Bauch ein und aus.

- Erhole Dich dabei von den Strapazen des Alltags.

- Die Krönung des meditativen Gehens ist das Rückwärtsgehen. Dabei konzentrierst Du Dich bewusst auf kleine Schritte und intensivierst die Tätigkeit all Deiner Sinnesorgane.

Yoga – Dehnen und innerlich zur Ruhe kommen:

Immer mehr Menschen nutzen die Yoga-Übungen für Ihre tägliche Entschleunigung. Achtsamkeit gegenüber sich selbst – das ist der Schlüssel zum Glück.

Zwei Übungen:

Das Dreieck – so stärkst Du das Nervensystem:

- Startposition ist eine gegrätschte Beinhaltung.

- Die Knöchel befinden sich unter den Handgelenken der ausgestreckten Arme.

- Die Füße sind parallel zueinander.

- Die Hände liegen an den Außenseiten der Oberschenkel an.

- Während Du einatmest, hebe den rechten Arm hoch. Atme aus und beuge den Rumpf nach links. Dein rechter Arm berührt Dein Ohr.

- Bleibe in dieser Position und atme 2-3 Mal ein und aus. Spüre die Dehnung auf der rechten Körperseite.

- Mit der nächsten Einatmung richtest Du Dich wieder auf und kommst in Deine Ausgangsposition zurück.

Der Krieger – so leistest Du einen positiven Beitrag für Dein Durchhaltevermögen:

- Beine grätschen, Arme ausstrecken, rechten Fuß nach außen drehen.

- Drücke diesen in den Boden, während Du den Linken beugst.

- Der rechte Oberschenkel bildet mit dem Unterschenkel einen rechten Winkel.

- Linkes Knie auf Höhe der Fersen halten. Strecke den Rücken gerade durch und halte diese Anspannung.

- Verharre 15 Sekunden in dieser Haltung, bevor Du Dich lockerst und die Übung wiederholst.

- Wechsle die Seiten.

Progressive Muskelentspannung

Überall anwendbar.

Wenn Du innerlich zur Ruhe kommen willst, findest Du mit der progressiven Muskelentspannung sofort Deine Mitte.

Eine Übung, die Du sogar im Sitzen im Büro durchführen kannst:

Entspannungstraining für 10 Minuten:

- Schließe Deine Augen und atme tief durch. Sitze aufrecht auf Deinem Stuhl.

- Spanne nun all Deine Muskeln nacheinander für 5 Sekunden an. Beginne, Deine Beinmuskulatur des rechten Beines zu aktivieren, halte die Spannung und lockere Dich dann wieder für den gleichen Zeitraum.

- So fährst Du mit dem linken Bein fort. Danach aktivierst Du die Muskeln von Händen und Armen. Du kannst die Übung auf alle weiteren Körperteile wie Schultern, Füße und Zehen ausweiten.

- Wichtig dabei ist, dass Du bei der PME (Progressive Muskelentspannung) stets bewusst

einatmest, während Du die Muskeln an-
spannst und wieder erfüllt, alle Strapazen des
Alltags ausatmest, wenn Du die Muskeln wieder lockerst.

- Diese Übung solltest Du, damit sich der Ent-
  spannungseffekt einstellt, am besten jeden
  Tag, zweimal durchführen.

Aktiviere Deinen Vagusnerv

Der Vagusnerv ist der Nerv, den Du durch einfache
Stimulation zur Entspannung nutzen kannst. Hier
nun drei Übungen, die Du sehr leicht in Deinen Alltag integrieren kannst.

Summen, Gurgeln und Singen

Es ist wissenschaftlich mehrfach belegt, dass Du durch gurgeln und summen innerlich zur Ruhe kommst. Stehst Du zum Beispiel wartend vor dem Aufzug oder an der Bushaltestelle und bist innerlich mehr als genervt, Summe und gurgle einfach wild drauf los. Das ist besser als zu schimpfen und wütend darauf zu reagieren, da an der Situation ohnehin nichts zu verändern ist. Menschen, die immer wieder ruhig vor sich „hin summen" gelten als gelassen und entspannt.

Kalt duschen – so aktivierst Du Deinen Vagus

Zugegeben: Es ist schon am Anfang eine kleine Überwindung, sich am Morgen für ca. 30 Sekunden unter die kalte Dusche zu stellen. Dennoch zeigt diese Übung: Wer sich nach der Morgendusche noch am ganzen Körper kurz kalt abduscht, intensiviert den Entspannungs-Gedanken in seinem Organismus.

Meditationen – finde Kraftquellen für Dich

Meditationen stärken Dein „innerliches Ohm" und aktivieren den Vagusnerv. Bitte führe Meditationen in regelmäßig stattfindenden Ritualen durch. So lernst Du, Dich gut zu entspannen. Meditiere, indem Du die Augen schließt, eine schöne Duftkerze anzündest und Entspannungsmusik hörst. Gerade die abendliche Meditation hilft vielen Menschen, die an Schlafstörungen leiden.

Egal, für welche Idee in Sachen Entspannung Du auch brennst: Achte darauf, dass Du alle Techniken als Ritual so oft wie möglich durchführst. Es ist, wie immer im Leben: Übung macht den Meister. Von einmal Yoga oder kalt duschen am Morgen ist noch kein Mensch auf Dauer resistent gegen Stress geworden. Am besten gewöhnst Du Dir zu bestimmten Tageszeiten als Morgen- oder Abendritual die Technik an, die Dir am besten zusagt. Rituale und fest eingebaute Lebensgewohnheiten sind es, die uns im Leben nachhaltig weiterbringen.

Übrigens:

Hier im Buch sind nur beispielhaft ein paar Übungen vorgestellt. Es gibt viele Kurse (auch als Seminare, die die Krankenkassen oder der Arbeitgeber anbietet) in denen Du bestimmte Methoden für Dich entdecken kannst.

Wichtig ist: Tu etwas für Dich und Deine Seele. Sei aktiv! Nur Du alleine kannst dabei Deinem Leben neuen Schwung verleihen. Viele weitere Übungen kannst Du auch in zahlreichen Videos, die im Netz zu finden sind, sehr einfach nachmachen.

Sei proaktiv und schaue voraus!

Vorausschauendes Denken vermeidet stressige Aktionen. Es gibt nicht nur im Straßenverkehr das bewusste Fahren mit Bremsbereitschaft, dass Dich vor Unfällen schützt. Du selbst steuerst immer, wie Du die Dinge anpackst. Warte nicht darauf, bis Du auf Stress reagieren musst, sondern sei selbst aktiv und vermeide stressige Situationen, wenn möglich, im Vorfeld. Beispiel aus dem Alltag: Wenn ich meine Aufgabe erledige, bevor sie mir von außen unter Zeitdruck aufgezwungen wird, bin ich der aktiv Agierende und nicht der Reagierende. Denke an das Reifen wechseln beim Auto oder an Bürokram, der schnell und einfach erledigt werden kann. Sei aktiv und warte nicht darauf, dass Dich andere Menschen an Deine Aufgaben erinnern.

Du bist, was Du isst!

Gesunde, pflanzliche Ernährung und Nahrungsmittellisten, die natürliche Substanzen enthalten, gibt es wie Sand am Meer. Nutze sie und achte darauf, immer genug Wasser zu trinken. Das kurbelt die Durchblutung und den Kreislauf an.

Kaffee und aufputschend wirkende Mittel solltest Du in stressigen Situationen vermeiden.

Viele Nahrungsmittel enthalten natürliche Stoffe, die Dich unterstützen glücklich und entspannt zu sein.

Für einen Serotoninkick sorgen Bananen, Feigen, Cashewkerne, Datteln und Kakao.

Iss viel frisches Obst und rohes Gemüse. Vor allem grünes Gemüse wie Brokkoli, Spinat und stärkehaltige Gemüsesorten wirken basisch. Was dem säurebildenden Stress entgegenwirkt. Süßkartoffeln, Brokkoli und Spargel kannst Du beispielsweise auch roh essen, das hat eine doppelt so hohe Vitamin- und Nährstoffdichte. Die Vitamine B und D werden vor allem dann von Deinem Körper gut aufgenommen, wenn Du gesunde Kost mit pflanzlichen Fetten zubereitest und Dich oft an der Sonne und an der frischen Luft aufhältst (steigert den Serotonin-Gehalt).

Sei Dir bewusst, dass folgende Schlechte-Laune-Nahrung möglichst wenig bis gar keinen Platz auf Deinem Speiseplan hat:

Zucker in Form von Limonaden, Süßigkeiten, Kuchen und Süßspeisen. Weißmehlprodukte und industriell weiterverarbeitete Lebensmittel.

Experimentiere stattdessen einmal mit Linsen und Gemüsesorten.

Hier einige Beispiele von gesunden Lebensmitteln, die auf keinem Speiseplan fehlen sollten:

- Obst und Gemüse nach Saison enthalten viele Vitamine und Mineralstoffe.

- Vollkornwaren halten lange satt und liefern den gesunden Vielfachzucker, der Energie verleiht.

- Als Superfood gelten Ginkgo, Chia Samen, Quinoa oder feine Gewürze wie Ingwer.

- Ohnehin sind leckere asiatische Zutaten wie Kurkuma, Sprossen oder Kräuter wie Zitronengras wichtige Energie-Lieferanten mit vielen Vitaminen und Mineralstoffen.

- Genieße Samenkörner und Nüsse. Sie liefern wertvolle, mehrfach ungesättigte Fettsäuren, die für die gesunde Ernährung unerlässlich sind.

- Vermeide Konservierungsstoffe, Zucker und Fast Food aller Art. Es liegt die Vermutung nahe, dass die Wirkung von vielen chemischen Zusatzstoffen sogar als stressfördernd gelten. Bitte achte deshalb auf gute Naturprodukte in Bio-Qualität, damit Du Deinem Körper nur das Beste zuführst.

- Frische Kräuter wie Rosmarin, Thymian, Salbei, Oregano und Co vollenden nicht nur schmackhafte Gerichte, sondern fördern auch viele Organfunktionen, die gut für Deinen Stoffwechsel sind.

- Esse mit Genuss und Bedacht – das ist die halbe Miete!

Gut vorbereitet ist halb gewonnen!

Je besser die Vorbereitung in Deinem Alltag aussieht, umso entspannter die Umsetzung. Wer ein sinnvolles Zeitmanagement an den Tag legt, hat in seinem Leben schon sehr viel gewonnen. Gute Vorbereitung ist in allen Jobs und bei vielen Tätigkeiten das Geheimnis der Entspannung.

Idee:

Du willst eine gesunde Mahlzeit mit vielen Naturprodukten am Abend genießen? Dann schneide schon am Morgen die Zutaten klein und stelle sie in den Kühlschrank, wenn Du hier genügend Zeit dafür hast. Alle Sorten von geschnittenem Gemüse und gehackten Kräutern in einer verschlossenen Schüssel bleiben im Kühlschrank herrlich frisch. Eine feine Gemüse-Pfanne ist ein vitales Gericht, dass Du Dir am Abend sehr schnell selbst zubereiten kannst. Das geht schneller, als die Pizza beim Lieferservice zu bestellen, und Du darfst eine gesunde, preiswerte Mahlzeit genießen. Stimmt Dich diese Art der Vorbereitung (nach einem stressigen Alltag im Job möchten wir oft nicht mehr kochen) nicht zufrieden?

Lerne loszulassen

Es sind immer wieder die gleichen Dinge, die uns innerlich aufwühlen. Oft sind es Situationen aus unserer Vergangenheit, die uns in Rage bringen. Wir werden betrogen, angelogen, hinters Licht geführt und schaffen es danach nicht, diese negativen Erlebnisse aus unserem Alltag zu streichen. Dabei wissen wir, dass uns diese schmerzhaften Gedanken nicht weiterbringen. Lerne, Schritt für Schritt diese Gedanken mit Neuen zu ersetzen.

Das ist oft leichter gesagt als getan. Dennoch ist es der einzige Weg, dass auch Du wieder ein erfülltes und befreites Leben führen kannst. Wer ständig hadert oder verbittert und verbissen seinen Alltag meistern will, gilt nicht nur als verkrampft und wenig gesellschaftsfähig, sondern schadet vor allem einem Menschen: sich selbst!

Diese Übungen helfen Dir, loszulassen

- Schreibe Dir alle negativen Gedanken und Menschen, die Dir begegnet sind, auf und verbrenne diesen Zettel.

- Werfe alle Fotos und weiteren Gegenstände in den Müll, die Dich an eine negative Vergangenheit erinnern.

- Sperre Deine Sorgen und Nöte (vor allem wenn Du in der Nacht nicht schlafen kannst) in einen Schrank ein.

- Kompensiere Deine Wut, die immer wieder aufkommt, über gesunde Methoden wie Sport, lange Spaziergänge oder schlage in einen Boxsack, um loszulassen.

- Loslassen heißt, sich selbst verzeihen zu können. Schreibe Dir auf, was Du Dir selbst verzeihen willst und lege Dir diesen Zettel in ein Kuvert. Öffne das Kuvert nach einem halben Jahr und überlege: Was hast Du geschafft, welcher Weg liegt noch vor Dir? Lerne Dir Fehler zu verzeihen. Wir Menschen sind nun einmal keine Wundermaschinen.

Verzeihen ist das friedliche Ritual, das auch Du üben kannst. So steht einem Neuanfang nichts mehr im Wege.

- Trenne Dich von den Menschen in Deiner Umgebung, die Dir einfach nicht guttun. Manchmal hilft es schon, wenn Du Kollegen oder Familienmitglieder nicht völlig aus Deinem Leben streichen kannst, den Kontakt auf ein Minimum zu beschränken.

- Umgebe Dich mit Menschen, die Dich verstehen und die Dein Wohlbefinden fördern. Alles, was Dir schadet, gilt es, loszuwerden – je schneller, desto besser.

Natürlich sind dies nur Anregungen, wie Du lernst, loszulassen. Fakt ist, dass ein Neuanfang mit weniger Stress im Leben als zuvor nur dann möglich ist, wenn Du toxische Gedanken und Menschen aus Deinem Leben streichst.

Ihre Zeit ist begrenzt, also verschwenden Sie sie nicht damit, das Leben eines anderen zu leben.

Lassen Sie sich nicht von Dogmen in die Falle locken.

Lassen Sie nicht zu, dass die Meinungen anderer Ihre innere Stimme ersticken.

Am wichtigsten ist es, dass Sie den Mut haben, Ihrem Herzen und Ihrer Intuition zu folgen.

Alles andere ist nebensächlich.

Steve Jobs

Glaub nicht alles, was Du denkst

"In meinem Leben habe ich un-vorstellbar viele Katastrophen erlitten. Die meisten davon sind nie eingetreten."

Mark Twain

Wir haben am Tag über 50.000 bewusste Gedanken. Die Hälfte von Deinen Gedanken an die Zukunft trifft nicht ein – die andere Hälfte, die doch eintrifft, ist nicht zu ändern. Deshalb gilt, dass Dich Sorgen, Ängste und Nöte nicht weiterbringen. Natürlich ist das oft leichter gesagt als getan. Da wir uns selbst immer am besten kennen, sind wir hart und unachtsam mit uns in unseren inneren Selbstgesprächen: „Das kann ich sowieso nicht!" Dazu bin ich zu blöd." Achte darauf in Deinen inneren Dialogen nicht destruktiv zu sein. Rede positiv und wie mit einem guten Freund mit Dir. Nicht alles was Du über Dich denkst, ist wahr und genauso was Du über andere denkst nicht. Leichter ist Folgendes: Wenn Du einen unangenehmen oder negativen Gedanken hast, akzeptiere ihn und ändere etwas an der Situation. Wenn das nicht sofort umzusetzen ist: Schreibe ihn auf, denn dann ist er festgehalten und suche später eine Lösung. Wenn Du die Situation nicht ändern kannst, denke zum Beispiel an eine schöne Erinnerung an einen schönen Film, an dessen Ende Du glücklich warst, an einen Moment im Urlaub, wo Du über allen Wolken geschwebt bist, an einen Moment wo es Dir gut ging. Besinne Dich an eine „Prüfung" die Dir sehr gut gelungen ist und Du stolz und zufrieden warst mit Dir. Spüre Deine positive Energie. Atemübungen, Meditationen und andere Techniken, die in diesem Kapitel bereits vorgestellt wurden, können Dich zu Gedanken lenken, die Dich weiterbringen.

Übung: Schreibe Dir mindestens jeden Tag 5 Dinge auf, für die Du tief in Deiner Seele dankbar bist. Trainiere Dich in Deiner positiven Einstellung und führe die Übungen zur Entspannung durch, die Dich nachhaltig weiterbringen. Wetten, dass genau das der Schlüssel zum Erfolg ist?

Sei dankbar, dass Du gesund bist.

Freue Dich über Deine Stärken und Deinen Fleiß – was keine Selbstverständlichkeit ist.

Genieße die Sonne, die heute scheint.

Sei glücklich um Deine Partnerin, die Dich abgöttisch liebt.

Sei dankbar um Deinen Freund, der eine Familie mitbringt, die Dich mag.

Sei dankbar für Deine Arbeit und Deine Kollegen.

Arbeite mit positiven Affirmationen

Affirmationen sind einfache Gedankensätze, die Dir helfen, Dein Unterbewusstsein zu beeinflussen. Damit diese wirken können, solltest Du sie mindestens 3 x am Tag, jeweils 3 - 10 x wiederholen. Haftis am Spiegel, Kühlschrank oder der Pinnwand erinnern Dich immer wieder.

Ein paar Beispiele:

- Mein Leben ist ab sofort entspannt und stressfrei.

- Ich lebe in Gelassenheit und Achtsamkeit.

- Ich schaffe das, was ich will!

- Ich bin einzigartig – daher gestalte ich mein Leben auch so.

- Ich strahle Ruhe und Gelassenheit aus.

Weitere positive Affirmationen findest Du auch in schönen Bildern, die Du täglich siehst. Diese Fotos sollen Dich positiv inspirieren. Zum Beispiel sind Familienfotos auf dem Smartphone oft eine gute Stütze, die wir in allen Lebenslagen mit uns tragen.

Weitere Möglichkeiten sind Sprüche-Bilder oder Kalender mit Weisheiten, die Dich positiv beeinflussen können. Die Welt ist voll mit Inspirationen, wenn Du Deine Aufmerksamkeit darauf lenkst.

Der Umgang mit Süchten

Gerade, wenn wir unter Strom stehen, greifen wir zur Zigarette, zum Alkohol oder auch zum Schokoriegel. Nach der Arbeit ein Gläschen Wein zu trinken, um runterzukommen, wird erst eine Gewohnheit und dann eine Abhängigkeit.

Oder der gegenteilige Effekt von Drogen wird genutzt. Aufputschende Mittel wie Kokain bei Managern oder Ritalin bei Studenten, um Höchstleistungen zu erbringen, führen unbemerkt in Abhängigkeiten. Der Mental-Trainer, Autor und Gründer der Achtsamkeitsakademie, der auch gute Meditationsübungen im Netz anbietet, Peter Beer, beschreibt es wie folgt: „Ca. 90 Prozent der Menschen haben in ihrem Leben etwas, worauf sie nicht mehr verzichten können. Angefangen bei Schokolade oder Süßigkeiten, Kaffee, dem Smartphone, Shopping, bis hin zu Zigaretten Alkohol oder härteren Drogen. Durch Lebenskrisen finden wir in der Sucht oft eine Scheinlösung, die natürlich wie eine Seifenblase bald zerplatzen wird. Mentale Übungen oder Meditationen bieten sinnvollere Lösungen!

Natürlich wissen wir: „Das hilft mir jetzt nichts." Dennoch stopfen wir ohne Hunger die Torte rein. Diese Süßigkeit lässt den Blutzuckerspiegel schnell ansteigen und wieder absinken. Innerlich plagt uns schon ein schlechtes Gewissen, wenn wir die letzte Gabel der Torte verschlungen haben. Ebenso ist es mit dem Rauchen. Nach der Zigarette geht es uns nicht besser. Sondern wenn der Nikotinspiegel wieder fällt, plagt uns die Frage „Wie bekomme ich jetzt meine nächste Zigarette?" Die Aufnahme von Nikotin zum Beispiel, sorgt für Durchblutungsstörungen und wir erhalten zu wenig Sauerstoff, was die Tätigkeit des Gehirns ganz sicher nicht fördert.

Was ist besser? Lenke Dich ab. Sei gelassen und atme tief ein uns aus. Freue Dich an Dingen, die Dir gelingen und überstehe diesen Augenblick im Stress, indem Du Dir selbst zulächelst.

Gerade Führungskräften und Managern fällt es schwer, abzuschalten.

Extrem hohe Verantwortung und Leistungsdruck erschweren Entspannung und öffnen der Sucht leicht die Tür.

Wirklich erfolgreiche Geschäftsleute hingegen haben Mechanismen der Regeneration in ihrem Leben fest integriert und stärken sich mental, indem Sie sich innerlich beim Meditieren auf das Wesentliche besinnen. Sie finden so eine ausgewogene „Work-Life-Balance" und wissen, dass sie sich so mit gesundem Stressmanagement beschäftigen.

Jede Sucht erfordert im ersten Schritt Einsicht. Danach kann sie bekämpft werden, um danach einen gesunden Ersatz zu finden. Schäme Dich nicht für Dein Suchtverhalten, sondern bekämpfe es. Es ist nie zu spät, ein Suchtproblem aktiv anzugehen. Doch gerade zur proaktiven Stressbewältigung solltest Du wissen: Süchte lösen keine Probleme! Nie!

Natürlich kann dieses Buch keine Suchtberatung ersetzen. Solltest Du Deine Sucht nicht in den Griff bekommen, hole Dir Hilfe von einem Therapeuten.

15 Minuten täglich im Grünen!

Die Sonne und der Wald gelten als stimmungsaufhellend, schützen vor psychischen Erkrankungen und vor mentaler Erschöpfung. Waldbaden ist ein modernes Wort für einen ausgiebigen Spaziergang im Wald. Die Natur ist hier besonders einzigartig und hilft Mensch und Tier, sich zu entschleunigen. Schon 15 Minuten unter freien Himmel steigern die Vitalität und helfen Dir, Stresshormone abzubauen. Vielleicht kannst Du das in Deine Mittagspause integrieren.

Vereinfache und minimalisiere Dein Leben!

Weniger ist mehr. Es ist sinnvoll, wenn wir uns von der Vielfalt in Sachen Kleidung, Schuhe, Lebensmitteln oder Medienangeboten befreien. All dieses „Über-Angebot" überfordert uns. Entscheidungen zu treffen, stresst uns. Denn wenn wir uns für etwas entscheiden, verlieren wir zwangsläufig die anderen nicht gewählten Möglichkeiten. Je mehr Optionen, umso schwieriger wird es und umso länger dauert unsere Entscheidung. Wenn wir im Supermarkt vor einem Marmeladenregal mit 200 Sorten stehen, dauert es länger, als wenn dort nur 5 stehen würden. Ist es vielleicht auch für Dich der Schlüssel zum Glück, wenn Du Dich diesem Massenkonsumangebot entziehst? Es gibt zahlreiche Beispiele von Menschen, die berichten:

„Wie natürlich ist es, ganz alleine im Wald in der Stille zu sein. Ich brauche dafür wirklich gar nichts!"

„Je weniger Gerichte auf der Speisenkarte stehen, desto schneller kann ich mich im Restaurant entscheiden."

„Je weniger Klamotten ich in meinem Schrank vorfinde, desto schneller finde ich etwas zum Anziehen."

„Gut, dass ich nicht mehr so viele Süßigkeiten zu Hause habe. Jetzt esse ich viel mehr Obst."

Ein möglicher Weg zur Minimalisierung kann auch sein „Zurück zur Natur". Lebe einmal 1 Tag ohne WLAN und beschäftige Dich stattdessen mit natürlichen Dingen, von denen Du umgeben bist.

Eine größere Wanderung. Ein ganzer Tag am Strand. Ein Besuch im Zoo.

Stresskiller Sport

Dass Sport gesund ist, wissen wir schon lange. Allerdings gelang es der Forschung, erst vor 9 Jahren herauszufinden und zu erklären, warum genau das so ist.

Myokine

Die Wundersubstanzen aus
unseren Muskelzellen

Unter Belastung produzieren unsere Muskeln Botenstoffe, die ähnlich wie Hormone oder Transmitter wirken. Sie greifen teilweise sogar in unsere Zellgenetik ein und programmieren zum Beispiel einen höheren Grundenergiebedarf unserer Zellen.

Das ist auch die Ursache dafür warum unser Stoffwechsel sich verändert und wir deutlich schneller abnehmen, wenn wir Sport treiben.

Myokine sorgen für ein entzündungshemmendes Zellmilieu und beugen somit chronischen Erkrankungen wie Herz-Kreislaufproblematiken, Diabetes und Krebs vor. Sogar vor Demenz kann uns ein hoher Myokinspiegel schützen.

Damit unser größtes Stoffwechselorgan - unsere Skelettmuskulatur diese Helferbrigaden in ausreichendem Maße produziert, müssen wir uns regelmäßig bewegen. Dabei gilt: Ganzkörpersportarten und heftige Belastungen führen zu besonders hohen Ausschüttungen der Myokine. Geeignet ist Kraftsporttraining, Sprint- und Intervalltraining oder auch Bootcamps.

Der Spruch: Sport ist Mord, sollte nach neuesten Erkenntnissen umformuliert werden in: Wer keinen Sport treibt, begeht Selbstmord.

Muskelbelastungen bewirken:

- Wachstum der Skelettmuskulatur.

- Anregung des Knochenwachstums und der Knochenverdichtung.

- Steigerung des Grundenergiebedarfs.

- Anregung der Durchblutung.

- Anregung des Fettstoffwechsels und Verringerung des viszeralen Bauchfetts.

- Prävention von Entzündungen und chronischen Krankheiten.

- Abbau von psychischem Stress.

Bewegung veranlasst uns außerdem, Glückshormone freizusetzen. Wer sich täglich fit hält, lebt zufrieden und gesund. Schon wenn wir täglich an die frische Luft gehen und ausgiebig schnellen Schrittes laufen, leisten wir einen guten Beitrag für unsere Gesundheit. Fahre mit dem Rad zur Arbeit und bringe Deinen Kreislauf täglich in Schwung, indem Du öfter die Treppen läufst, anstatt den Aufzug zu nehmen, und nicht jeden Meter mit dem Auto zurücklegst. Wir brauchen keinen Schrittzähler am Handgelenk, wir müssen nur lernen, wieder Spaß an Bewegung zu entwickeln. Fitness heißt, gute Laune auszuleben! Mit Sport sorgst Du gleichzeitig für körperliche und für mentale Kraft.

10.
Erste Hilfe in
Extrem-Stresssituationen

Natürlich ist auch Dir jetzt klar, dass es immer stressige Situationen im Leben gibt. Auch in Zukunft können Dich schwere Krisen aus der Bahn werfen, die einfach eine Ausnahme-Situation bedeuten. Schicksalsschläge gehören nun einmal zu unserem Leben. Es gilt, nicht aufzugeben und nach einer Trauer neu durchzustarten.

Wenn wir den Job verlieren oder uns ein Trauerfall belastet, müssen wir uns in diesem Schock-Zustand zurechtfinden. Genau für diesen Fall stelle ich Dir hier einen Notfall-Koffer vor, den Du in besonders stressigen Situationen anwenden kannst.

Fordere Hilfe ein

Mit der Person des Vertrauens sprechen oder Hilfe holen, ist keine Schande, ganz im Gegenteil. Spreche mit Menschen, die Dir nahestehen oder wende Dich an eine Notfall-Hilfe, die es im Netz jederzeit zu finden gibt. Wichtig ist, dass Du in diesem Ausnahmezustand nicht alleine dastehst und bedenke: Menschen helfen gerne. Hilfe zu schenken, gibt vielen Leuten auch Kraft. Schäme Dich also nicht, wenn Du mit Menschen sprechen willst, wenn es Dir schlecht geht.

Was ist, wenn keine akute Hilfe greifbar oder möglich ist?

Bitte bewahre dennoch Ruhe und Gelassenheit. Schreibe Dir auf, was Dich genau aus der Ruhe bringt und versuche, klaren Kopf zu bewahren. Manchmal befinden wir uns in einer Negativspirale, die sich immer schneller nach unten bewegt. Es gilt jetzt, aus dieser Spirale zu entfliehen. Bitte lenke Dich ab, laufe oder renne los oder schreie Deine Wut im Wald in die Natur. Manchmal befreit dies schon, damit es Dir danach wieder besser geht.

Bewahre Ruhe!

Wenn Du sehr bewusst atmest und hierbei in Qi Gong, progressiver Muskelentspannung und anderen Techniken gelernt hast, wie Du Stress bewältigen kannst, werden Dich Bauch- und Herzatmung auch jetzt weiterbringen.

Übung:

Gehe in Akut-Situationen möglichst an die frische Luft. Schließe kurz die Augen, um Dich nur auf Deinen Atem zu konzentrieren. Atme über die Nase frische Luft ein. Halte die Luft kurz an. Danach lässt Du die Luft über den Mund in einem Strom aus Deiner Lunge. Lasse sie dabei durch Dein Herz und Deinen Bauch fließen. Atme so tief aus, wie Du kannst, und denke Dir dabei: „Ich lasse los" oder „Es geht vorbei!"

Wiederhole den tiefen Atemzug in dieser Übung, bis Du innerlich ruhiger wirst. Gerne kannst Du hierbei jemanden an Deine Seite holen, der Dich dabei in akuter Notsituation unterstützt.

Naturheilmittel in Krisen

Entspannungshilfen wie **Hopfen, Baldrian, Lavendel** oder **Johanniskraut** sind alte Hausmittel, die bei Unruhen guttun. Helfe Dir hierbei selbst, indem Du Dich bei einer Apotheke Rat einholst oder selbst mit diesen Kräutern aus der Natur Dir Tees zubereitest. So leistest Du einen guten Beitrag für Deine Gesundheit. Schlaf ist ein wichtiger Faktor für ein gesundes Leben. Achte gerade in einer Art Schockzustand darauf, dass Du mit diesen Naturschätzen in der Nacht zur Ruhe kommst.

Dies sind weitere wenig bekannte Mittel, die beruhigend wirken:

CBD – Hanfsamenöl

Der Wirkstoff Cannabidiol (CBD) der weiblichen Cannabispflanze wirkt laut Forschung und wissenschaftlichen Studien entspannend, schmerzhemmend und entkrampfend. Dieses Öl kann mit einer Pipette dosiert jedem Getränk, wie Smoothie, Kaffee oder Tee zugegeben werden und senkt unmittelbar nach Einnahme das Stresslevel, aber erstaunlicherweise nicht das Konzentrationslevel. CBD ist in jeder Apotheke frei erhältlich oder im Internet zu bestellen.

Ashwagandha

(auch Schlafbeere genannt) ist ein Heilkraut, das auf natürlichem Weg Angstgefühle verringert und den Körper bei der Stressbewältigung unterstützt.

GABA γ-Aminobuttersäure

ist eine beruhigend wirkende Aminosäure. Dieser Stoff hilft uns beim Entspannen. Auf nüchternen Magen eingenommen, kann GABA fast sofort Linderung der Angstzustände bewirken. Des Weiteren hilft GABA auch bei Schlafstörungen. Allerdings ist GABA eine isolierte Aminosäure und damit kein natürliches Produkt mehr.

Schlusswort

Das waren alle Empfehlungen, wie Du Dein Leben stressfreier gestalten kannst.

Dieser Ratgeber stellt lediglich eine Grundlage dar. Deine aktive Stressbewältigung lebt davon, dass Du selbst in Deiner Praxis alle Tipps auslebst, die Dir gefallen. Alles was Du nicht innerhalb der nächsten 72 Stunden umsetzt, wird wie ein Strohfeuer wieder erlöschen. Willst Du das? Also – schreibe Dir jetzt mindestens fünf wichtige Elemente auf, die Du jetzt schon umsetzen willst, damit Du erfolgreich bei der Stressbewältigung sein wirst. Ich wünsche Dir dabei: viel Erfolg! Du schaffst das – glaube an Dich!

Eigentlich ist mit den Herausforderungen und Aufgaben in unserm Leben ganz einfach: wenn wir akzeptieren, dass alles im Fluss ist. Alles ist Veränderung, Wandel. Achte also vor allem, wenn Du unter hohem privatem oder beruflichem Druck stehst und oft gestresst bist, ganz besonders auf Dich selbst. Entschleunige und mache Dir eins bewusst, was das Wichtigste ist: Deine eigene Gesundheit! Sei achtsam mit Dir!

„Das meiste haben wir gewöhn-
lich in der Zeit getan, in der wir
meinen, nichts getan zu haben"

Marie von Ebner-Eschenbach

Die Quelle von Beer

(Quelle   https://www.peter-beer.de/sucht-ueber-winden/).

4 Boni für Deine Gelassenheit:

Anti-Stress-Meditation:

- Setze Dich im Schneidersitz aufrecht hin.

- Deine Schultern sind entfernt von Deinen Ohren.

- Deine Stirn ist glatt.

- Deine Nasenflügel sind entspannt.

- Deine Zahnreihen berühren sich nicht.

- Deine Zunge liegt locker im oberen Gaumen.

- Deine Hände liegen geöffnet und nach oben zeigend auf Deinen Knien.

- Zeigefinger und Daumen bilden einen Kreis, indem sie sich berühren.

- Deine Augen sind geschlossen.

- Deine Augäpfel kippen gefühlt nach hinten.

- Du spürst, wie Deine Zellen die wunderbare positive Energie tanken, die sich in einem angenehmen Fluss in Dir bewegt.

- Folge Deinem Atem.

- Denke an nichts.

- Wenn ein Gedanke kommt, versuche ihn, bildlich in eine entfernte Ecke zu stellen, und sage ihm, dass Du Dich später mit ihm beschäftigst.

- Wenn es Dir schwerfällt, an nichts zu denken, stelle Dir dieses Bild vor: Du sitzt in einem weißen Raum, die Wände sind weiß, der Boden, die Decke auch.

- Allerdings sind die Wände alle so weit entfernt, dass sie nicht sichtbar sind. Du bist allein und fühlst Dich geborgen.

- Von oben kommt ein weißer Lichtstrahl auf Dich wie ein Lichtkegel, eine Art Energie, Liebe und Frieden strahlt auf Dich von oben.

- Bleibe in diesem Bild und in dieser Position für mindestens 10 am besten 30 min.

Sprüche für Post-Its

Zur Erinnerung an Deine kleinen Entspannungsinseln kannst Du diese Sprüche auf Zettel/ Post-its schreiben oder ausdrucken, ausschneiden und diese an Stellen Deines Alltags anbringen: z. B. Computer, Handtasche, Spiegel, Kleiderschrank, Kühlschrank.....

Ich bin ganz bei mir!

Ich bin genau richtig!

Pausen bewirken Wunder

Gras wächst nicht schneller, wenn Du daran ziehst.

Die meiste Zeit verbringst Du in Deinem Kopf, mache ihn zu Deinem schönsten Wohlfühlort.

Wenn es
in **1 Woche**, in **6 Monaten** oder **3 Jahren** **nicht mehr wichtig ist:** stresst es mich **jetzt** auch nicht!

Nichts ist so aufreizend, wie Gelassenheit.

Oskar Wilde

Gelassenheit
ist eine anmutige Form des Selbstbewusstseins.

M. v. Ebner-Eschenbach

Heute schon gelacht? :)

Es gibt im Wald kein WLAN.
Aber trotzdem findest
Du hier die beste Verbindung
zu Dir selbst.

Lebe, Liebe, Lache
und wenn das nichts hilft:
Lade, Ziele, Schieße

Teil 1

Gelassenheits- Mein /
&
Achtsamkeitstagebuch

I.

Visualisierung meiner Tagesaufgaben:
Scribble, Zeichne und Schreibe!

2.

Terminierung meiner Tagesaufgaben:
Zeitpuffer fest einplanen und überlegen, was sich verbinden lässt.

3.
Arbeitsende
Lege fest wann heute Dein Arbeitsende sein wird.

Punkt 1-3 zum Tagesbeginn ausfüllen, oder am Abend vorher.

Teil 2

Mein Gelassenheits- & Achtsamkeitstagebuch

4.
Meditation

Alternativ oder auch zusätzlich: Yoga, Quigong oder Spaziergang

....

5.
Sport

Ausdauersport: Fahrradfahren, Joggen, Fittness, Tennis, Fussball...

....

6.

Das habe ich heute gelernt/erkannt:
Manche Erlebnisse, auch wenn sie nicht positiv waren,
bzw gerade dann, lehren uns etwas.

....

....

7.

Darüber bin ich dankbar und glücklich:

....

....

....

Punkt 4-7 am Tagesende ausfüllen

GELASSENHEITS-ZERTIFIKAT

Hiermit wird bestätigt, dass
Herr/Frau

....

mit diesem Zertifikat die Berechtigung erhält den Titel:

GELASSENHEIT IN PERSON

zu tragen!

Der Zertifikatsinhaber verpflichtet sich mit dem Tragen dieses Titels:

1. Achtsam mit sich und seinen Liebsten umzugehen.

2. Das Leben nachweislich in vollen Zügen und verbindlich zu genießen.

3. Über Kleinigkeiten, dankbar und glücklich zu sein-
über Großartigkeiten natürlich auch.

Welcher Berg darf es denn sein, den Du versetzen willst?

Du hast den Stress in Deinem Leben gemeistert, und bist bereit für den nächsten Schritt? Möchtest gerne motiviert und voller Tatendrang, erfolgreicher, neue oder auch bestehende Wege beschreiten? Strotzend vor Energie Bäume ausreißen? Dann ist,

Das Durchstarter Konzept von **Ron B. Charles**
<u>https://www.amazon.de/dp/1674787391</u>

Dein nächstes Buch.

www.ingramcontent.com/pod-product-compliance
Lightning Source LLC
Chambersburg PA
CBHW021437210526
45463CB00002B/548